ANTONIO PANDISCIA

PADRE PIO

Un contadino cerca Dio

Prefazione di

Alberto Bevilacqua

SAN PAOLO

Otto edizioni nella collana "I protagonisti".
Prima edizione nella collana "Biblioteca Universale Cristiana" 2013.

Piazza Soncino, 5 - 20092 Cinisello Balsamo (Milano)
www.edizionisanpaolo.it
Distribuzione: Diffusione San Paolo s.r.l.
Corso Regina Margherita, 2 - 10153 Torino

Via Giotto, 36 - 20145 Milano
www.famigliacristiana.it

Allegato a Famiglia Cristiana di questa settimana
Direttore responsabile: Antonio Sciortino
Settimanale registrato presso il Tribunale di Alba il 7/9/1949 n. 5
P.I. SPA - S.A.P. - D.L. 353/2003 L. 27/02/04 N. 46 - a.1 c.1 DCB/CN

Progetto grafico: Ink Graphics Communication, Milano

ISBN 978-88-215-9000-9

PREFAZIONE

Un contadino cerca Dio, *e ne viene trovato, come Paolo sulla via di Damasco, come altre grandi anime la cui tensione a credere si fa, quasi, più forte (in senso di energia plurima) della fede stessa, coinvolge ogni più intima risorsa del corpo, mette a contatto fili impensabili dell'essenza individuale per farne scaturire scintille di onnipotenza terrena... Francesco Forgione, come Paolo, viene trovato da Dio in quanto la sua chiamata di Dio nasce, violentissima, dalle cellule tutte: dalle zone psicofisiche note alla scienza e dalle altre, ancora calate nel mistero. Di questo sforzo al grado massimo, Padre Pio conserverà le stimmate (esse ci richiamano, sì, per analogia visiva, le lacerazioni prodotte sul Cristo dai chiodi della crocefissione, ma non vanno intese come una loro imitazione, quasi copia gratificante; sbaglia chi ha questo pensiero: in effetti, le stimmate di Padre Pio, il sangue che ne geme, costituiscono lacerazioni autonome, e simili lacerazioni sono la conseguenza del fenomeno che qui si è premesso, il tendersi fino allo spasimo estremo dell'individuo «radice e albero», che dalla sete di assunzione riporta strappi di corteccia).*

Non a caso, Pandiscia annota, nella sezione Apparizioni: *«Ai dolori fisici e ai tormenti spirituali, si alternano i conforti di Gesù: prima soltanto voci, poi vere e proprie apparizioni». Abbiamo detto che le stimmate non costituiscono una semplice «copia dell'originale» di impronta miracolistica (che assurdo ritenerlo, anche in sedi qualificate!), ugualmente ci spingiamo ad affermare che l'*apparizione *rappresenta, forse, il delinearsi di qualcosa di comune a tutti noi – e vedremo subito di che si tratta – non soltanto agli occhi, ma a una percezione ottica che scaturisce dalle sublimi facoltà della coscienza. L'*apparizione *è (o siamo più cauti: «ci piace pensare che sia») lo sdoppiarsi all'esterno del sogno illuminante che si fonde con il pensiero e costituisce, anche nell'artista, la folgorazione. Allorché Michelangelo viene colto dalla folgorazione geniale della sua arte, subisce una sorta di equiparazione con il «contadino» che viene trovato da Dio, con la differenza che quella di Michelangelo è l'arte della poesia, della vita da rappresentarsi nei suoi significati più alti, la seconda, invece, è l'*arte di Dio: *il sogno e il pensiero abitati da Dio. E Dio abita nei sogni e nei pensieri di chiunque ne desideri la dimora, e certamente non opererebbe privilegi fra le sue stesse creature, apparendo ad alcune e non ad* *altre. È vero, invece, che le creature più forti, nell'arte di Dio, possono arrivare, guardando ardentemente in se stesse, a collocare il punto massimo dell'autoindagine in una sospensione prospettica, fra cielo e terra, che è una forma di* medium *nello spazio.*

Mi toccano queste parole di Padre Pio: «Venerdì mattina ero ancora a letto quando mi appare Gesù. Era tutto malconcio e sfigurato. Egli mi mostrò una grande moltitudine di sacerdoti regolari e secolari fra i quali diversi dignitari ecclesiastici...». Ne segue, descritta con maestria, una scena sconvolgente: ecco Gesù che gira il capo, come per fissare più a fondo la turba sacerdotale; per un attimo Padre Pio non riesce a distinguerne i tratti avviliti, e quando Cristo torna a girarsi, «come se fosse stanco di guardare», due lacrime gli solcano le gote. Egli condanna la turba sacerdotale, e spiega a Padre Pio: «Figlio mio, non credere che la mia agonia sia stata di tre ore, no, io sarò per cagione delle anime da me più beneficate in agonia fino alla fine del mondo».

Occorre anzitutto ringraziare Pandiscia per aver riportato, in questo suo libro, stralci di scritti e lettere forgioneschi (ci si passi questo aggettivo) che dimostrano come il «contadino» in cerca di Dio fosse capace di esprimersi anche con l'arte della poesia, dando fiato a pagine che, per semplicità e per potenza, entrambe da intendersi quale grazia comunicante, stanno all'altezza del testo evangelico. Pandiscia, inoltre, non si esime dall'inserimento dei *testi meno concilianti: il passo che abbiamo riportato, ad esempio, si pone sulla quota di quella condanna evangelica con cui Gesù si scaglia contro i maestri di Scrittura (ancora: dalla citazione riportata – Gesù che appare nei panni del dolore, che guarda come per meglio afferrarla la distesa dei sacerdoti, che piange e condanna, ecc. – appare evidente che l'*apparizione, *come si suggeriva, altro non è che una sintesi mirabile sia del pensiero che del sogno di colui che ne è fatto amoroso oggetto)... Che conclusioni trarre da ciò che si è premesso finora? Che Padre Pio, combattuto da una parte della turba sacerdotale (anche laica) per l'integrità di un giudizio che non badò a nessun ossequio di casta nelle sue condanne, volle far capire come la fede della contemporaneità non poteva limitarsi alle bizantinerie della ragione, ma aveva bisogno di un tenace recupero del corpo.*

Questo intento di Padre Pio – della fede portata addosso, nelle membra anche, nel sangue, quasi come un arto privilegiato – è uno dei punti focali del libro di Pandiscia, che non è mera biografia, ma piuttosto va definito un poema in prosa di tensione mistica, all'interno del quale si opera una sorta di gioco di specchi. Ossia: come Padre Pio va identificandosi nel Cristo, l'autore di queste pagine non fa che identificarsi nel contadino che va cercando Dio, con una sete di appartenere all'immagine del frate, che in alcuni momenti si fa disperata, in altri di una musicalità felice.

E abbiamo le prove che Padre Pio, appunto, è apparso *a Pandiscia: accadde pochi istanti dopo la morte del frate. Pandiscia era in compagnia di un amico fotografo, che fu testimone della scena. Identificazione a parte, tutto questo libro vive di una sua corrente segreta che lo distingue dall'ovvio materiale biografico, e ne fa quasi (ecco un'altra angolazione) «libro di preghiere». Ma il punto focale resta. La fede, negli anni controversi che corrono verso il Duemila, ha un ardente bisogno di anima e di corpo: necessitano la gloria e il dolore corporali, come essi furono necessari a Dio, in quanto soltanto da una simile, inarrivabile fusione può nascere il bene della passione. Senza fede passata attraverso la tensione del corpo (magari fino allo* strappo *delle stimmate), le passioni umane non soccorreranno mai il credente, e senza queste passioni noi disporremo unicamente delle tortuose aspirazioni della ragione, che sempre rischiano di precipitare nella superbia e nell'aridità concettuale.*

E soltanto dalla passione umana scaturisce quella luce del contatto e dell'unione che si riassume nella parola più alta (a mio avviso) di tutta l'esperienza cristiana: confessione. *Padre Pio fu il protagonista massimo della confessione, e Pandiscia imposta la sua ricostruzione – anche nell'accostamento fra documento e scrittura interpretativa – su uno spartito confessionale, addirittura dando vita al suo* incipit *col ricordo, molto bello, di Padre Pio che esorta a confessarsi, esplicitamente affermando che questo è l'unico modo di «dedicare tempo al Signore». E dunque è il caso di distinguere: se una biografia può rappresentare un mezzo di conoscenza affidato all'obiettività (quando, nel marasma di biografie che hanno invaso il dopoguerra editoriale, non si riduce a una speculazione), un testo come questo rientra in una forte necessità soggettiva, direi che dà forma a quella costante* commozione del sangue e delle emozioni *che Padre Pio è per Pandiscia.*

L'autore, lo conosciamo, è un intrattenitore di amici, ora ironico, ora umbratile, sempre generoso, e quasi puntiglioso nella propria generosità. A renderlo umbratile, è il pensiero che corre alla memoria, ormai puramente sensitiva, degli affetti più cari che il dolore di certe vicende ha avvelenato e oscurato. A renderlo ironico, è un senso colloquiale che anima, di Pandiscia, una curiosità insaziabile per la vita, ed è logico che questa curiosità si faccia anche sensuale, avida di contatti, e dell'animazione necessaria per ottenerli, questi contatti...

Parrebbe, detta così, la descrizione pura e semplice del carattere di un amico (e forse, in parte, è vero: poiché Pandiscia ha molte facce che furono proprie del prisma umano quale ci appare Padre Pio), ma l'intenzione è un'altra: insistere sul mezzo prodigioso della confessione. Essa, dantescamente, sale da un inferno, passa per un purgatorio e arriva a un paradiso. L'atto d'amore di un uomo e di una donna, che uniscono il reciproco magnetismo sensitivo e le due volontà di uscire dalle proprie solitudini dimostrando di potersi fondere in grazia naturale, questo atto è confessione. L'atto di due creature che prendono coscienza di essere entrambe condizionate da errori, ma anche da purezza di intenti, è confessione. L'atto di un uomo che ha creduto e crede con tutto se stesso in un frate contadino che lo trattò da figlio, esternandogli il suo amore anche con bruschezza di modi, quasi avendo timidezza degli abbandoni nell'affetto, è confessione, tanto più se l'uomo (Pandiscia) mette sulla pagina i ricordi, le gratitudini, gli incontri.

Un contadino cerca Dio, *pur costruito con stile e in modi non tradizionali, racchiude una vicenda tanto attraente da indurre in molte tentazioni sceniche. Il lettore si augura che possa contribuire a liberare la memoria di Padre Pio dalle diffidenze senza ragione che ancora accerchiano una figura per altri e vasti versi amatissima. La predilezione del papa Giovanni Paolo II per il «contadino» (molte le affinità con l'«anima polacca» quale si è manifestata nel corso del suo lungo pontificato) è una premessa fondamentale. Resta la convincente resa di un mondo popolare in cui Padre Pio lasciò che si formassero il suo dolore e la sua gioia: è nel rendere questa appartenenza, anche sociale, del frate illuminato, che Pandiscia ottiene i migliori risultati della sua scrittura.*

ALBERTO BEVILACQUA

Un contadino cerca Dio

PADRE PIO

1

LA «SCONFESSIONE»

– Da quanto tempo non ti confessi? – mi chiese appena inginocchiato.

– Da un paio di mesi, padre...

– Da quanto tempo non ti confessi?

– Da circa due mesi, padre...

– Da quanto tempo non ti confessi? – chiese ancora, quasi adirandosi.

– Padre, non ricordo bene, ma non sono passati molti mesi.

– Vai via, bugiardo, eretico che non sei altro. Sono mesi e mesi che non ti accosti al perdono di Dio!

Questa la mia prima, breve confessione da Padre Pio. Rimasi profondamente turbato nel sentire le sue aspre parole e nel notare il suo sguardo di rimprovero. Sconcertato, stentavo ad alzarmi. Non mi sembrava possibile concludere così la mia confessione. Avrei voluto ricevere il suo perdono, ero andato lì per questo; ma capivo che forse non lo meritavo. Le sue parole mi avevano ferito tanto da far esplodere in me un profondo senso di colpa.

Dopo qualche tempo ritornai a San Giovanni Rotondo con l'intento ancora di confessarmi, o meglio, tentare di confessarmi nuovamente. Avevo il cuore in gola mentre mi avvicinavo al confessionale. Inginocchiandomi, mi feci il segno della croce e subito Padre Pio:

– Da quanto tempo non ascolti la santa Messa?

– Vado a Messa ogni domenica, padre.

– Da quanto tempo non vai a Messa? – incalzò.

– Sapete, padre, qualche volta la domenica non vado a Messa perché sono molto impegnato per motivi di lavoro – risposi, ben sapendo, data l'esperienza precedente, che non era il caso di insistere su una versione non totalmente sincera. Speravo così di avere la sua comprensione. Invece...

– Vai via, brutto eretico e bugiardo. Il tempo per i divertimenti lo trovi e per dedicarlo al Signore no?!

Mi alzai con gli occhi bassi. Ero umiliato da questo nuovo «rifiuto» e mi allontanai lentamente pensando in cuor mio che mai sarei stato assolto da Padre Pio, se avessi continuato a presentarmi a lui con «scarsa» verità e senza la necessaria preparazione spirituale. Né poteva essermi di conforto il fatto che anche altri fedeli, per motivi diversi, venivano cacciati in malo modo dal frate.

Decisi di restare a San Giovanni Rotondo, per prepararmi con serietà a una confessione con Padre Pio.

Dopo alcuni giorni mi sentii finalmente pronto, però, quando arrivò il mio turno, restai per qualche attimo indeciso se inginocchiarmi dinanzi al frate per confessare i miei peccati, oppure attendere ancora. Ma la voce di Padre Pio tuonò:

– Uè, guagliò, te vuoi spiccià ca me fai perdere tiempo? – (Ehi, ragazzo, vuoi sbrigarti che mi fai perdere tempo?).

Frastornato, mi inginocchiai, in fretta ai suoi piedi, e lui:

– Che, nun te vulive cunfessà cchiù? – (Che, non volevi confessarti più?).

– No, padre, ero soltanto timoroso della vostra accoglienza.

– E mica io sono il padrone di casa! – rispose accennando un sorriso. Poi aggiunse:

– E volevi andar via proprio ora che sei più preparato delle altre volte ad accostarti al Signore?

Confessai le mie colpe con intima libertà, come parlando ad un amico e ottenni l'assoluzione. Uscii dalla chiesa sentendomi più sollevato, come liberato da un peso.

2

L'INCONTRO

Ero ancora molto giovane quando i miei genitori mi portarono per la prima volta da Padre Pio. Avevo forse dieci o undici anni, e desideravo tanto conoscere il frate del Gargano perché a casa si parlava frequentemente di lui e si diceva che faceva miracoli e aveva le stimmate come Gesù.

Da Foggia, dove abitavamo, andammo a San Giovanni Rotondo attraverso una lunga strada bianca, tutta piena di polvere e di ciottoli. Ricordo che inerpicandosi su, verso il convento di Santa Maria delle Grazie, mio padre mi disse: «Fra poco vedrai il frate dalle stimmate. Conoscerai Padre Pio, il frate santo».

«Ma se ha le stimmate significa che è come Gesù?», chiesi incuriosito.

«Sì, bravo, è come Gesù. E soffre come Gesù».

Era primavera, forse il mese di aprile: ricordo che ero

senza cappotto, indossavo un pullover. Ed era di pomeriggio, all'imbrunire. Forse quando aveva già finito di confessare.

L'ho incontrato nella vecchia chiesetta del convento, nello spazio antistante il confessionale: io mi sono inginocchiato come gli altri e gli ho baciato la mano, lui mi ha messo la mano sulla testa e ha parlato con mio padre. Non ricordo cosa si siano detti, forse non li sentivo nemmeno: ero emozionato e un po' anche impaurito davanti a un personaggio così famoso e così singolare. Ricordo che fissai attentamente le sue mani, che emanavano un odore acre e penetrante, e pensavo di vedere le stimmate, ma invece erano coperte dai guanti di lana. Anche se tutto il mondo sapeva delle stimmate, e per esse aveva dovuto subire tante umilianti visite di controllo, Padre Pio le teneva accuratamente coperte. Da tanti anni, ormai, d'estate e d'inverno, portava i suoi guanti di lana.

Lo sentii dire ai miei mentre parlavano tra loro. La cosa non mi era molto chiara ma l'accettavo. Per me Padre Pio non era altro che Gesù e quando tornai a casa, ai miei fratellini e alle mie sorelline, più piccoli di me, raccontai proprio di avere incontrato Gesù che aveva i guanti suscitando la loro curiosità e la loro invidia.

Ricordo che tornando da San Giovanni Rotondo io ero allegro, felice. Certo, tutti i bambini lo sono, dopo una gita, ma io mi sentivo come se fossi andato a una grande festa, come se avessi trascorso un piacevole pomeriggio di divertimento. In me rimase a lungo un ricordo piacevole e gradevole di quell'incontro. Era il 1948. L'Italia aveva ancora le macerie fumanti dell'ultima guerra. San Giovanni Rotondo era uno sperduto paese e per raggiungerlo bisognava «raccomandare l'anima a Dio», ma il nome di Padre Pio era già noto.

3

IL FUTURO PADRE PIO

Francesco Forgione nacque a Pietrelcina, in provincia di Benevento, il 25 maggio 1887. Il giorno dopo, alle sei del mattino, fu battezzato nella chiesa di Sant'Anna, che sorge a pochi passi dalla sua casa.

Erano passate solo tredici ore dalla sua venuta al mondo e il padre, Grazio, contadino, molto devoto, per timore che il figlio potesse morire senza essere battezzato non lasciò tempo al tempo. La sua paura non era ingiustificata. A quell'epoca la mortalità infantile era molto alta e Grazio e la moglie, Maria Giuseppa, avevano perduto già due figli: Francesco, morto dopo diciannove giorni di vita, e Amalia, che era vissuta appena venti mesi. Soltanto Michele, che allora aveva cinque anni, era sopravvissuto (in seguito avranno altri quattro figli). Ma il piccolo Francesco non correva pericoli, anche se la sua salute sarà poi sempre malferma.

La casa in cui venne al mondo il futuro Padre Pio era divisa in due vani, due minuscole stanze non comunicanti. Per passare dalla zona con la cucina a quella in cui si dormiva, bisognava uscire in strada. Era una casa povera, sarebbe più esatto dire un anfratto arredato da un giaciglio, una bacinella di ferro, due sedie di paglia, una misera credenza di rozzo legno e una cassapanca dove si conservava la farina per l'inverno. I genitori, ambedue analfabeti, non poterono offrire altro al neonato che una rudimentale culla di legno dipinto in rosso.

Di notte, il paffuto Francesco si muoveva molto nella culla, e a volte gli capitava perfino di farla rovesciare. È facile immaginare l'ansia dei genitori nell'alzarsi dal letto e precipitarsi a raccoglierlo da terra, temendo che si fosse fatto male. Lo trovavano, invece, sempre sorridente e quasi soddisfatto di aver svegliato «tata» e mamma!

Da piccolo Francesco era un bambino irrequieto, «terribile» al punto che papà Grazio era costretto a punirlo e qualche volta anche a schiaffeggiarlo, fino a quando, disperato per le intemperanze del discolo, non lo mandò a pascolare le pecore, affidandolo a un amichetto più grande di lui di nome Ubaldo Vecchiarino, detto Baldino. Francesco aveva allora appena sei anni!

Sarà proprio Baldino che, in seguito, racconterà di aver visto Francesco tracciare a terra un segno di croce e rimanere per diverso tempo inginocchiato a pregare, incurante dell'amico che lo chiamava e lo scuoteva forte. Il povero

Baldino, impressionato dallo strano comportamento del compagno, corse impaurito a casa raccontando tutto ai genitori, che però non gli credettero.

La cosa si ripeté, e una mattina Francesco, notando che il suo amico lo scrutava in maniera insolita, gli disse: «Perché mi guardi in questo strano modo? Ché, ti spaventi quando io prego nostro Signore? Perché non preghi con me?». Il buon Baldino, scosso da queste parole, con gli occhi bassi, rispose: «Ma tu, quando preghi, sembra che muori, che non esisti più su questa terra!».

Da quel giorno, però, Baldino un po' per volta si unì nelle preghiere al suo amico, resistendo fino a quando poteva. Per ore e ore, infatti, Francesco si sdraiava sulla nuda terra e contemplava il cielo, fantasticando o pensando chissà quali cose. Il suo umore era variabile: a momenti improntato a gaia spensieratezza, talvolta annuvolato da una profonda tristezza; quando il suo volto si incupiva, il viso si atteggiava a smorfie di dolore. Questo cominciò ad accadere spesso, e la cosa preoccupava i poveri genitori che purtroppo non avevano tanto tempo da dedicargli, dovendo badare anche agli altri figli e provvedere al mantenimento della numerosa famiglia.

Quando si decisero di mandarlo a scuola a frequentare la prima classe elementare, il suo maestro, Mandato Saginario, fece enormi sforzi per insegnargli bene le aste e i quadratini. Talvolta il quaderno di Francesco Forgione, anziché di aste, era pieno di croci. Con un secondo maestro, Angelo Caccavo, riuscì a conseguire la licenza elementare.

Al di là di queste scarne informazioni, sull'infanzia di Padre Pio abbiamo pochissime notizie. Sappiamo che per diversi anni il padre fu emigrante in America a caccia di quel benessere che il paesino campano non riusciva a dare. Ma, come scrive Maria Winowska nel suo libro *Il vero volto di Padre Pio*[1], «è nato in un paese di belle tradizioni cristiane ed umane, dove le anime sono effervescenti come il vino delle colline e la razza, affannata da secoli di austera onestà, si compiace di produrre dei capolavori». Capolavori di umanità e di santità.

A Morcone, provincia di Benevento, frequentò l'anno di noviziato nel locale convento dei Cappuccini.

Lo scrittore cattolico Luigi Tucci, figlio spirituale di Padre Pio, nel suo libro *Un segno della Provvidenza*[2], scrive: «Egli è ormai prossimo a varcare il limite della fanciullezza e già la casa e le cose di Dio esercitano sopra di lui un fascino che dopo un poco non avrà più argini. Nel frattempo il suo pensiero è preso nelle spire di una meta in cui solo lo spirito trova requie. E si esercita, in silenzio, nella perseveranza più accorta».

A quindici anni Francesco volta definitivamente le spalle al mondo e alle sue chimere e si appresta a farsi cappuccino fidanzandosi con «Madonna Povertà». Il nostro quindicen-

[1] Cfr. Maria Winowska, *Il vero volto di Padre Pio*, Edizioni Paoline, 1991[32].
[2] Cfr. Luigi Tucci, *Un segno della Provvidenza*, Borla, 1962.

ne felice e sereno sa già quello che vuole dalla vita e prende i suoi primi impegni per il futuro. Non avverte niente che gli sia di peso in quel momento: non il freddo dell'inverno né la vita di comunità, né l'addio alla sua terra di cui si propone di portare il nome come un'eredità e una bandiera.

Il piccolo paese del beneventano, dove i contadini ancora si alzano all'alba per strappare alla terra il nero pane del sostentamento, rappresenta nella vita di Padre Pio non solo una tappa importante ma un valore di fondo. Egli, infatti, ricorderà spesso Morcone e la cella numero 28, dove si è imposto le prime sofferenze per il Signore e dove ricevette l'abito religioso. Sulla porta di questa celletta è ancora scritto: «Senza sollecitudine e diligenza non farai mai acquisto della virtù».

Sarà nel convento di Morcone che ricevendo il saio cappuccino il 22 gennaio 1903, con il nome di frate Pio, dinanzi a padre Tommaso da Monte Sant'Angelo, maestro dei novizi, prenderà corpo la certezza di dedicare tutta la sua vita al Signore. È nel piccolo convento di Morcone che fra Pio decide di offrire la sua vita al bene dell'umanità, cercando nella preghiera il vero conforto alle pene degli uomini.

Fra Pio passa le sue giornate in completa solitudine, incontrando i confratelli nelle ore dei riti liturgici, nel refettorio per i frugali pasti, offerti dal buon cuore dei compaesani, e durante la passeggiata in cortile, ma mentre gli altri discorrono animatamente e giocano e si svagano, lui rimane assente, le sue labbra sono in continuo movimento, il suo volto assorto in profonda meditazione: anche se è in compagnia, non smette di pregare. Ormai i suoi confratelli l'hanno capito e lo lasciano in pace. Di notte, nella cella numero 28, vedono una tremula luce a petrolio che fa compagnia al solingo fraticello di Pietrelcina che passa buona parte della notte nel lodare il Signore.

Un componimento scolastico di Padre Pio

Uno scritto infantile del futuro Padre Pio rivela il curioso sogno di un pastorello. Lo riportiamo per intero:

> Fernando era un povero pastorello, che agitava in mente di farsi frate; ma i genitori erano poveri e non potevano corrispondere alla sua intenzione. Egli una notte, mentre dormiva saporitamente, sognò di essere in monastero, vestito già da frate.
>
> Parevagli fosse quello il primo giorno che passasse colà, e che dopo il refettorio, scendesse in giardino con gli altri novizi, accompagnati dal padre maestro.
>
> Allora, col permesso di questo superiore, essi si posero chi a giuocare alle palle, chi a innaffiare i fiori, chi a zappare l'orticello; insomma tutti facevano qualcosa e non si vedeva nessuno che stesse con le mani in mano.
>
> Dopo circa due ore di tale occupazione, suonò il vespro,

e convenne al pastore fraticello di andare in chiesa, dove al suono dell'organo e al canto dei divini salmi, gli scendeva una immensa gioia nel cuore. Oh com'era felice! Finalmente era stato esaudito il suo desiderio! Ma era un sogno il suo, e purtroppo se ne avvide quando si destò, perché era nel suo letticciuolo, come le notti precedenti, mentre il cuore gli gongolava tuttora dalla gioia.

Oh la brutta delusione che fu la sua!

Al poverino era ancora giocoforza attendere al suo gregge, bearsi al canto dei vari uccelletti, ma non poteva allettare il suo orecchio al mistico suono dell'organo della chiesa, al canto soave dei salmi divini!

Pietrelcina, agosto 1902

FRANCESCO FORGIONE

Un presagio di vita

L'atteggiamento di fondo della vita di Padre Pio, la sua mistica spiritualità, la sua fede adamantina, l'amore per coloro che soffrono, hanno il riscontro, il presagio in una visione che egli ebbe sul finire dell'anno 1902 e di cui, poi, egli parlò in terza persona col suo confessore: «Francesco vide al suo fianco un uomo di rara bellezza, fulgido come il sole, che lo invitò a seguirlo e a combattere da valoroso. Avanti agli occhi di Francesco si stendeva una piana immensa, popolata da due gruppi di uomini: da una parte moltissimi vestiti di bianco e col viso bellissimo, dall'altra, altrettanti vestiti di nero e dall'aspetto ripugnante. In mezzo veniva avanti un individuo orrido, così alto da toccare con la fronte le nuvole. Il personaggio splendido invitò Francesco a battersi con l'individuo mostruoso assicurandogli tutto il suo appoggio. Lo scontro risultò terribile ma, alla fine, Francesco ebbe la meglio e tutti gli orribili individui fuggirono. In premio, il giovane Francesco ebbe una corona di bellezza splendida e la promessa di riceverne un'altra di bellezza incomparabile se avesse combattuto per tutta la vita contro quegli orribili individui».

Ed ecco quindi spiegata in breve quella che sarebbe stata la vita di Padre Pio, la sua continua lotta contro le forze del male, l'edificazione del regno di Dio attraverso la preghiera, il continuo contatto con chi soffre.

4

PADRE PIO CHIERICO

Dal convento di Morcone fra Pio passa a quello di Sant'Elia a Pianisi, dove rimane dal 25 gennaio 1904 all'ottobre 1905 e dal mese di aprile 1906 al mese di settembre 1907. In questo nuovo luogo di preghiera si dedica agli studi di filosofia e si avvia a diventare sacerdote. Durante la permanenza a Sant'Elia, fra Pio sente parlare per la prima volta di San Giovanni Rotondo, ove si annunziava l'apertura del nuovo convento dei frati cappuccini sul Gargano. Tra i suoi confratelli ce n'era uno particolarmente interessato al progetto della nuova fondazione, perché, essendo della zona, desiderava esservi trasferito per stare più vicino ai suoi parenti. Fra Pio gli disse: «Sarò io ad essere assegnato a San Giovanni Rotondo appena sarà aperto il convento». Lui voleva soltanto scherzare, ma le sue si rivelarono parole profetiche. Il convento di Santa Maria delle Grazie fu aperto nel 1909, e pochi anni dopo l'ormai Padre Pio lo raggiunse in qualità di direttore spirituale. Prima, però, cambiò diverse dimore. Dal convento di Sant'Elia a Pianisi, bisognoso di restauri, fu trasferito a San Marco La Catola, in provincia di Foggia. È il primo contatto con la terra di Puglia, che lo consacrerà «l'uomo che bussa alla porta di Dio». In seguito, per completare gli studi di filosofia e teologia, tornò a Pianisi, poi passò a Serracapriola e a Montefusco.

Il suo fisico, intanto, inizia a dare segni di stanchezza: a improvvise vampate al viso fanno seguito spettrali pallori, l'alimentazione regredisce nella quantità e nella qualità. Solo lo spirito di cameratismo lo fa sedere con i suoi confratelli nell'ora dei pasti. Le molte ore di studio si alternano a quelle della preghiera che sono sempre lunghe, interminabili, senza sosta. È una necessità dell'anima, un bisogno spirituale che Padre Pio sente, ma il suo giovane fisico non regge a queste pesanti sollecitazioni. Una notte del luglio 1907 un confratello sente provenire dalla cella di frate Pio dei deboli lamenti. Accorre preoccupato e lo trova bocconi per terra, gli occhi stravolti, il respiro affannoso. I suoi superiori decidono allora di rimandarlo per qualche tempo al suo paese natio, Pietrelcina, con la speranza che l'aria di casa gli possa giovare. Fra Pio rimane nel suo paesello qualche mese, e sembra che la permanenza nella casa paterna gli apporti giovamento. Appare sorridente, a volte scherzoso. Fa lunghe passeggiate attraverso i campi che lo hanno visto pastorello e qui, come nel passato, contempla il cielo, le stelle, fantasticando: torna ad essere semplice e bambino come quando pascolava le pecore accanto al suo amico Ubaldino.

Alla fine dell'anno ritorna a Serracapriola, dove resta fino al novembre del 1908. Viene poi trasferito al convento di Montefusco, in provincia di Avellino, per sette mesi durante i quali completa gli studi di teologia. A Benevento gli vengono conferiti gli ordini minori.

Nella verde Irpinia, fra il silenzio dei boschi e la generosità dei suoi abitanti, fra Pio trascorre il suo tempo approfondendo con intensità i problemi dello spirito. Gli abitanti del luogo lo vedono passeggiare con il rosario tra le mani, lo salutano, ma il più delle volte non ricevono risposta: il giovane frate è troppo assorto in Dio. Un giorno un giovanotto, seccato per la mancata risposta al suo saluto, gli si avvicina e gli chiede con tono accigliato il perché di questo atteggiamento asociale. Fra Pio, sorridendo, gli domanda:

«Ma tu preghi la Madonna?».

«Sì», risponde il giovane.

«E allora lascia che anch'io dedichi il mio tempo alla madre del Signore».

L'ultima tappa della sua formazione sacerdotale si compie il 10 agosto 1910 nel duomo di Benevento dove viene consacrato sacerdote. Scrive ancora il suo figlio spirituale, lo scrittore Luigi Tucci:

«Ma eccolo, sulla soglia di quel duomo il 10 agosto 1910, pronto ad infilare il cerchietto d'oro nell'anulare di "Madonna Povertà" e a ricevere, in cambio, il diadema sacerdotale e il potere di pescatore di uomini. La pienezza di un sogno diverso suscita momenti di gioia ineffabile nel cuore di fra Pio, che sembra tremare come un filo d'erba sotto la carezza del vento. Tutto è pronto per compiersi in letizia di spirito. Le campane suonano a festa. Mamma Giuseppa, venuta a piedi da Pietrelcina, ha già preso posto nel duomo e ha gli occhi umidi per la gioia. "Zi Grazio" è assente ma benedice il figliuolo dalla lontana America. Qualcosa di solenne, di maestoso, è nell'aria e l'aria sa di profumo. Una creatura, pallida e commossa, cammina impacciata fra due file di sguardi che stanno lì lì per farsi lucidi, poi si ferma in prossimità dell'altare maggiore per prostrarsi sulla nuda pietra, in atto di umiltà, e vi rimane così a lungo, il cuore quasi immoto nel petto. E così il novizio di un tempo riceve il crisma sacerdotale. Sempre dimesso e raccolto, il novello sacerdote si accomiata da noi in serenità; ma ecco che già si intravede nel nuovo ruolo, in un alone d'intima luce, il gigante dello spirito, il "Padre" che salirà un giorno la via del Gargano, e qui attirerà le folle per portarle a Dio. Poi di nuovo, la mamma e il figliuolo prendono la strada che conduce a Pietrelcina, dove il sacerdote novello celebrerà la prima messa all'indomani della sua ordinazione».

Ritornato a Morcone, il suo stato di salute è sempre malfermo: febbri altissime si alternano a bassissime temperature, il colorito del viso è sempre di un estremo pallore. Nuovamente i superiori pensano di mandarlo a Pietrelcina per un periodo di riposo.

5

APPARIZIONI

È durante il soggiorno a Pietrelcina, che a fra Pio si manifestano evidenti i segni della protezione divina.

Alle tentazioni diaboliche, ai dolori fisici e ai tormenti spirituali, si alternano i conforti di Gesù: prima soltanto voci, poi vere e proprie apparizioni.

Fra Pio li accoglie non come avvenimenti eccezionali, ma fatti normali dello spirito: li accetta senza chiedersi il perché, tanto è grande la sua fede. Ne parla nelle lettere a padre Benedetto da San Marco in Lamis, suo padre spirituale, e al suo confessore, padre Agostino da San Marco in Lamis, pregandoli di distruggere questi appunti dopo averli letti e di non farli leggere ad altri. Richiesta che, per nostra fortuna, non fu eseguita, così che noi possiamo leggere le lettere autografe. Sono scritti semplici, ma vivi e profondi, ricchi di drammatica umanità. In essi scopriamo un Padre Pio diverso, dolce, timido, umano. Ecco un esempio.

Babbo caro,

io sto facendo una continua indigestione di consolazioni divine. In certi momenti sembrami di morirne per la troppa dolcezza e sto lì per lì di dire a Gesù con sant'Agostino «Eia Domine, moriar ut te videam» (Deh Signore, che io muoia affinché ti veda). Ma il momento, babbo mio, non è giunto ancora.

Barbablù, intanto, mi vorrebbe proprio distruggere. Ma viva sempre Gesù! Il Signore vi possa rendere felice in terra e beato in cielo per tutto ciò che avete fatto col provinciale sul mio conto...

Addio babbo mio, vi rinnovo l'assicurazione del mio grandissimo affetto

il vostro povero discepolo

F. PIO

La missiva del 16.3.1912 è indirizzata a padre Agostino.

Ci sono i travagli, i tormenti causati dal demonio e le incomprensioni e le persecuzioni degli uomini, ma iniziano anche i suoi colloqui personali con Gesù, i dialoghi spirituali e mistici che si verificano soprattutto dopo la comunione mattutina:

«Ogni mattina viene in me e riversa nel mio cuore tutta l'effusione della sua bontà. Vorrei, se fosse in mio potere, lavare col mio sangue quei luoghi dove ho scandalizzato tante anime.

Ma viva sempre la misericordia di Gesù. Questo Gesù quasi sempre mi chiede amore. Ed il mio cuore, più che la bocca, gli risponde: "O Gesù mio, vorrei..." e non posso più continuare. Ma alla fine esclamo: "Sì, Gesù, ti amo, in questo momento... e sento anche il bisogno di amarti di più; ma, Gesù, se vuoi più amore, prendi questo mio cuore e riempilo del tuo amore e poi comandami pure di amarti, ché non rifiuterò; anzi ti prego di farlo, io lo desidero"».

È questo un brano della lettera del 21 marzo 1912, indirizzata sempre a padre Agostino. Nella stessa, fra Pio torna a parlare di dolori che sente tutte le settimane dal martedì al sabato:

«Dal giovedì sera fino al sabato, come anche il martedì, è una tragedia dolorosa per me. Il cuore, le mani ed i piedi sembrami siano trapassati da una spada, tanto è il dolore che sento».

E furono quelli giorni di angoscia per il povero Padre Pio, che ormai divideva la sua vita tra gli assalti di misteriosi visitatori, le loro torture psicologiche, le tentazioni senza fine e gli attimi meravigliosi dei suoi colloqui con Gesù.

«Venerdì mattina ero ancora a letto quando mi apparve Gesù. Era tutto malconcio e sfigurato. Egli mi mostrò una grande moltitudine di sacerdoti regolari e secolari fra i quali diversi dignitari ecclesiastici. Di questi, chi stava celebrando, chi si stava parando e chi si stava svestendo delle sacre vesti. La vista di Gesù in angustie mi dava molta pena, perciò volli domandargli perché soffrisse tanto. Nessuna risposta ne ebbi. Però il suo sguardo si riportava verso quei sacerdoti e come se fosse stanco di guardare, ritirò lo sguardo e allorché lo rialzò verso di me, con grande mio orrore, due lacrime gli solcavano le gote. Si allontanò da quella turba di sacerdoti con una grande espressione di disgusto e di disprezzo sul volto gridando: "Macellai!". – E a me rivolto disse: "Figlio mio, non credere che la mia agonia sia stata di tre ore, no, io sarò in agonia fino alla fine del mondo per cagione delle anime da me più beneficate. Durante il tempo della mia agonia, figlio mio, non bisogna dormire. L'anima mia va in cerca di qualche goccia di pietà umana, ma ohimè mi lasciano solo sotto il peso della indifferenza. L'ingratitudine e il sonno dei miei ministri mi rendono più gravosa l'agonia. Ohimè come rispondono male al mio amore. Ciò che più mi affligge è che costoro al loro indifferentismo aggiungono il disprezzo e l'incredulità".

...Gesù continuò ancora, ma quello che disse non potrò giammai rivelarlo a creatura alcuna di questo mondo».

Ed ecco un'altra apparizione, di cui parla in una lettera del 7 luglio 1913. Gesù gli appare subito dopo la Messa. Queste le parole che fra Pio riporta:

«Figliol mio, non lasciare di scrivere quello che oggi odi dalla mia bocca perché tu non l'abbia a dimenticare. Io sono fedele. Nessuna creatura si perderà senza saperlo. Molto diversa è la luce dalle tenebre. L'animo a cui voglio parlare l'attiro sempre a me; invece le arti del demonio tendono ad allontanarlo da me.

I timori che l'anima sente in certi momenti della vita sull'eterna sua salute se hanno me per autore si riconoscono dalla pace e serenità che lasciano dopo».

6

LA CONFESSIONE DI PADRE PIO

Mi sono sempre considerato molto fortunato perché ho avuto la possibilità di frequentare Padre Pio come pochi. La mia famiglia è originaria di Lacedonia, in provincia di Avellino, ma fin dal 1940 siamo andati a vivere prima ad Ascoli Satriano, e poi, dal 1948, a Foggia perché mio padre, esattore delle imposte dirette, svolgeva la sua attività in questi paesi. Qui aveva stretto amicizia con il superiore del convento di Sant'Anna, dal quale dipende quello di San Giovanni Rotondo. Cattolico osservante, mio padre aveva avuto modo di frequentare sia i frati cappuccini di Foggia, sia quelli di San Giovanni, quindi anche Padre Pio. Crescendo, io presi la stessa abitudine e dimestichezza. Feci amicizia con molti frati, primo fra tutti padre Lino da Prata, superiore del convento di Sant'Anna di Foggia, e grazie a quest'amicizia, ogni volta che decidevo di andare a San Giovanni, anche all'improvviso, riuscivo a entrare in comunità e vedere o avvicinare Padre Pio.

Tutti gli incontri con lui erano per me importanti, caratterizzati da molta serenità. Basta guardare le foto che ci ritraggono insieme: lo si vede disteso, sorridente. Una volta mi raccontò una barzelletta. Ero ancora studente universitario e mi chiese:

– Tu cosa vuoi fare nella vita?

– Mi sto laureando in legge e oltre al giornalista vorrei fare anche l'avvocato.

E lui: – Ah, bella professione – disse ironicamente – senti questa storiella: «Una volta gli avvocati si riunirono in paradiso e si accorsero di non avere un santo protettore. Andarono in delegazione da san Pietro e gli fecero presente la cosa. San Pietro ne convenne e propose "mettiamo una benda a uno di voi, lo facciamo girare in paradiso alla cieca e il primo santo che tocca sarà il vostro protettore". La proposta fu accettata, l'avvocato bendato girò per il paradiso e a un certo momento toccò qualcosa; si fermò, si tolse la benda e vide che aveva toccato la coda del diavolo di san Michele. Da allora, il protettore degli avvocati è il diavolo di san Michele».

La storiella in sé semplice, più ironica che maliziosa, è stata raccontata da Padre Pio per scherzare, per prendermi in giro, come faceva spesso sul tema dell'avvocato e del giornalista; giornalista era per lui sinonimo di bugiardo. Con lui non ho mai avuto problemi di rapporti, anche se il suo sguardo penetrante mi portava comunque ad abbassare gli occhi a terra per una sorta di indefinibile timore reverenziale. Ma non accadeva solo a me. Ho avuto modo di notare più volte la mia stessa reazione in tanti altri fedeli. Quando appariva, col suo incedere maestoso, si diventava tutti piccini piccini. Paternamente, il frate dalle stimmate ascoltava quelli che gli si stringevano intorno per ricevere una parola di conforto, una preghiera, una benedizione. Accadeva anche che qualcuno venisse trattato male, molto bruscamente ma in ogni gesto di Padre Pio, in ogni sua parola c'era sempre un fondo di umana e mistica comprensione per i peccatori. Egli amava l'umanità, le sue interminabili preghiere erano rivolte a Dio per gli altri, le sue sofferenze erano un continuo olocausto per il bene degli uomini.

Un giorno mi recai furtivamente sul matroneo della navata centrale nella chiesa di Santa Maria delle Grazie, il luogo dove Padre Pio era solito raccogliersi in preghiera, e inginocchiatomi vicino a lui, mi disposi ad aspettare la sua benedizione. I minuti passavano lenti ma il frate non mostrava accorgersi di me. Con la mano lo scossi e anziché la benedizione, ricevetti un rimprovero duro:

– Cosa fai tu qui? Perché disturbi chi prega?

Io, confuso: – Padre, ho trovato la porta aperta e non ho potuto fare a meno di venirvi a salutare.

E lui con tono ancora molto distaccato: – Impara prima a fare il segno della croce nella casa del Signore, e poi saluti le persone.

– Padre, ma io mi sono segnato...

– Non dire bugie, tu sei entrato toccandoti la fronte e il naso...

– Sì, è vero, mi sono segnato frettolosamente – ammisi – ma per l'ansia di vedervi.

– Voi giovani non sapete pregare. L'umanità, invece, ha tanto bisogno delle nostre preghiere!

Nulla sfuggiva a Padre Pio; il suo sguardo indagatore metteva a disagio il fedele e il penitente. All'inizio c'era sempre un terribile imbarazzo. Poi ci si scioglieva, a volte fino alle lacrime.

La confessione come una potente calamita attirava migliaia di uomini da tutta Italia e dall'estero, costringendo Padre Pio al suo confessionale per lunghissime ore in colloqui che lo stremavano. Per chi si confessava era l'incontro più bello con la propria coscienza, il più vero, ma anche il più drammatico, perché Padre Pio era molto esigente.

Non ci sono attenuanti o giustificazioni per il peccatore che cerca il conforto dell'assoluzione da Padre Pio. Forse questo atteggiamento severo mette in crisi il concetto di perdono, che è la ragion d'essere del sacramento della confessione, ma o si è veramente sinceri nel raccontare le proprie debolezze e nel proporre di mutar vita, oppure è inutile andare dal frate del Gargano. Per Padre Pio, il peccatore deve essere consapevole del peccato commesso e non deve, di fronte al confessore, cercare di sminuirne la gravità, pur tenendo conto delle attenuanti. A mio padre, che era andato a confessarsi, e che eventualmente aveva parlato anche delle preoccupazioni che noi gli davamo, disse: «La sferza, la sferza devi usare con i tuoi figli, altrimenti non sarai un buon padre».

Padre Pio, come ho detto, leggeva nell'animo di ognuno. La sua leggendaria facoltà di introspezione lasciava sconcertati quelli che si avvicinavano a lui con l'intenzione di nascondere qualcosa di grave, limitandosi a discorsi e accuse parziali. E solo per questi la sua parola tuonava come rimprovero aspro e temibile per non essersi accostati al confessionale con l'intenzione di alleggerirsi del proprio fardello. E fra questi cristiani dalla leggerezza abituale e dal disimpegno c'ero stato qualche volta anch'io, purtroppo!

La confessione con Padre Pio era breve. Negli istanti dell'incontro, in un angolo freddo della sacrestia, riparati dagli sguardi altrui da una leggera tenda di cotone, ci si trovava come per incanto nudi e disagiati al cospetto del santo del Gargano, la vita appariva nella sua terrena e drammatica realtà, i valori spirituali assumevano allora proporzioni gigantesche sotto la spinta delle brucianti parole del frate. Mi sono confessato da Padre Pio diverse volte, e per una buona metà delle volte sono stato cacciato via, o perché non totalmente sincero, o perché non umile nella ricerca del perdono, o perché non veramente pentito dei miei peccati, che continuavo a commettere. E ogni volta che scostavo la tenda del confessionale per ritornare nel mio solito mondo, la mia anima subiva il marchio a fuoco delle sue parole. Avrei potuto evitare l'incontro o andare da un altro confessore, ma il bisogno di tornare da lui era più forte di me.

Quando, però, si riceveva l'assoluzione, la felicità si leggeva sui volti e negli occhi di quelli che si erano liberati dal fardello delle colpe; essi, e molti lo testimoniavano, provavano sensazioni singolari di benessere spirituale. Ci si sentiva più vicini a Dio e più lontani dalle grettezze terrene. Veniva quasi la voglia di correre, correre... verso una luce nuova che il frate sapeva accendere. Questo spiega perché centinaia e centinaia di fedeli ogni giorno, per ore e ore, aspettavano pazienti il momento della loro verità, nella trepidante attesa di stare faccia a faccia con il frate dalle stimmate, severo con i peccatori, gli indecisi, i bugiardi, ma dolce con quelli che aprivano il loro cuore, assetati di una parola di conforto.

Erano tante le donne e gli uomini che ogni giorno si confessavano da Padre Pio che fu necessario istituire un apposito ufficio per disciplinare il ritmo delle confessioni. Questo ordine veniva puntualmente rispettato senza privilegi di sorta, fossero i fedeli vicini o venissero da lontano, fossero gente comune o vescovi o ministri o anche... teste coronate!

La principessa può attendere

Il 12 febbraio 1942 la principessa Maria Josè raggiunse in incognito San Giovanni Rotondo per incontrare il frate dalle stimmate. Erano con lei due dame di corte. I frati del piccolo convento si fecero incontro all'illustre ospite premurosi e stupiti. Il padre guardiano andò alla ricerca di Padre Pio e lo trovò che stava confessando. Lo informò della eccezionale visita, ma Padre Pio lo pregò di allontanarsi perché stava impartendo il sacramento a una povera donna del popolo. Maria Josè poteva aspettare. Per lui questo atteggiamento era del tutto naturale, ma l'aver fatto aspettare la principessa fu da qualcuno ritenuto un gesto inopportuno e questo gli creò evidentemente qualche «rimprovero», visto che alcuni giorni dopo si sentì in dovere di scrivere al suo superiore di Foggia.

San Giovanni Rotondo, 15 febbraio 1942

Carissimo Padre,

Gesù sia sempre con Voi e Vi illumini nella Vostra missione.

Chiedo umilmente perdono se ho fatto attendere la principessa Maria Josè, ma prima di lei c'era un donna del popolo, una povera mugnaia, che viene qualche volta a confessarsi da me, affidando i suoi figli, in tenera età, ad una vicina di casa. Ed il suo cuore è sempre pieno di ansia per queste anime innocenti che attendono di minuto in minuto il ritorno della mamma. È vero, sono tutte e due mamme, sono tutte e due con le loro pene, ma non potevo lasciare una mamma per correre da un'altra. Tanto poi tutte e due si sono accostate al Signore, ed il buon Gesù spalanca le braccia a tutti, anche a quelli che attendono e sanno attendere!

Desidero il perdono per quello che ho fatto e pregherò il Signore perché mi dia la forza di resistere a tutte le mie avversità.

VOSTRO PADRE PIO

Chiedeva perdono, ma probabilmente era convinto di aver agito in maniera giusta. I bambini della mugnaia avevano un diritto di precedenza perché più bisognosi della principessa.

Padre Pio e i bambini

Amava i bambini: vedeva in essi l'aspetto puro della vita, l'innocenza, la beatitudine. Quando ne scorgeva qualcuno lo accarezzava sorridendogli, e se qualche marmocchietto, in braccio al suo genitore, gli tirava la barba, Padre Pio lo lasciava giocare. Per i bambini aveva veramente un debole. Avrebbe fatto qualunque cosa per loro, per vederli sereni e sorridenti. Vedeva in essi la parte migliore dell'umanità, quella aperta alla speranza di cui Gesù diceva: «sinite parvulos venire ad me».

Una volta, un collega giornalista di Roma molto noto aveva la figlia che doveva subire un difficile intervento chirurgico. Sapendo della mia frequentazione con Padre Pio, mi pregò di recarmi a San Giovanni Rotondo e di chiedere la sua intercessione per la guarigione della bambina. Arrivai al convento di mattina, mentre Padre Pio celebrava la Messa. Aspettai che terminasse e, quando lo avvicinai per baciargli la mano, lo trovai subito brusco e severo. Disse accigliato: «Che vuoi da me, che vai cercando? Non posso fare niente, non posso fare niente». «Sono venuto solamente per salutarvi», dissi io, «per ascoltare la Messa». «Non è vero, ma non posso fare niente. E poi il paradiso ha bisogno dei bambini, degli angioletti». Capii così che lui aveva visto tutto, aveva sentito tutto. Senza che io ne avessi parlato, conosceva il motivo di quel mio viaggio. Dal mio amico mi ero fatto dare una foto della bambina; gliela mostrai. «Padre Pio», gli dissi, «ma come... questa bella bambina... guardate. Che significa che il paradiso ha bisogno degli angioletti? I genitori sono disperati». Ma lui continuava a dire: «Non ci posso fare niente, non ci posso fare niente», quasi come parlando a se stesso. Io insistevo, lo supplicavo e a un certo momento fu quasi per cacciarmi e lo avrebbe fatto, senonché aveva capito che la mia insistenza era dovuta alla mia profonda amarezza, perché mi rendevo conto che il suo atteggiamento significava preannunciare la morte della bambina. Alla fine, visto che non c'era nulla da fare, rassegnato, gli chiesi almeno qualche parola di conforto per i genitori. Lui mi dette la sua corona del rosario, dicendomi: «Portagliela e di' loro di pregare la Madonna, per la bambina». Qualche giorno dopo l'intervento chirurgico, la bimba morì.

Quella fu l'unica volta in cui lasciai San Giovanni Rotondo con l'animo veramente triste e quasi provando una sorta di astio nei confronti del frate che non aveva esaudito le mie preghiere.

7

SAN GIOVANNI ROTONDO

San Giovanni Rotondo, un paese aspro e roccioso posto sul monte Gargano, lo sperone d'Italia che divide il Tavoliere delle Puglie dal mare Adriatico. Un paese dimenticato per secoli, dove la gente fino a pochi anni fa teneva il mulo o l'asino in casa per difendere dalle intemperie e dai malintenzionati l'unica ricchezza familiare. Ora questo paese fiorisce nell'aspro paesaggio montano come una oasi che dona speranza e sollievo ai malati nello spirito e nella carne. Una trasformazione che ha del miracoloso, e il miracolo qui ha un nome da frate: Padre Pio da Pietrelcina.

È il 28 luglio del 1916 quando padre Paolino da Casacalenda accompagna per la prima volta Padre Pio a San Giovanni Rotondo.

Nel piccolo e sperduto paesetto garganico esistono solo ciottoli. Per arrivare al convento dei cappuccini di Santa Maria delle Grazie, che da poco è stato riattivato, bisogna percorrere un sentiero di campagna lungo due chilometri. I nostri religiosi vi giungono a piedi: Padre Pio è ansimante, sudato, ma appena varca la soglia dell'umile e rustica costruzione si illumina in volto. Quel paesaggio selvaggio lo affascina, quella profonda quiete lo fa sentire più vicino a Dio. Ma per adesso è solo una fugace visita al convento garganico. Poi c'è il rientro a Foggia, al convento di sant'Anna, dove Padre Pio è stato assegnato. Lasciare San Giovanni Rotondo gli provoca una certa sofferenza e tanta nostalgia. Ma l'ubbidienza è una regola primaria del suo ordine. Non appena arrivato a Foggia, però, chiede al suo superiore di essere assegnato al convento di Santa Maria delle Grazie. Viene accontentato. Diventa così realtà la scherzosa profezia che aveva fatto al confratello di Sant'Elia a Pianisi.

Ormai il paesetto garganico è «tutto suo», affidato al suo ministero; Padre Pio è felice di vivere su questa montagna rocciosa. In una lettera ai suoi genitori scrive:

> Carissimi genitori,
>
> dopo un faticoso viaggio, sono arrivato nella mia reggia di San Giovanni Rotondo. Mi ha accompagnato il buon padre Paolino da Casacalenda e lungo il percorso abbiamo pregato più volte il Signore che ci dia la forza di curare le anime che soffrono. Nel convento sono con me due confratelli, Paolino e Nicola. Abbiamo già recitato insieme tre rosari alla Madonna. Sento di rimanere qui tantissimo tempo e di non allontanarmi

mai. Per me è una grande giornata, anche se mi sento soffocato nello spirito da qualcosa che mi dà paura. State tranquilli per la mia salute. I miei confratelli mi assisteranno ed invocherò sempre Gesù per me perché mi dia la forza di pregare per voi tutti e per l'intera umanità.

Un abbraccio e pregate il Signore,

VOSTRO FIGLIO PADRE PIO

L'umile convento è diventato già una «reggia» per Padre Pio. E proprio in questa «reggia» avverrà il grande prodigio che lo segnerà per tutta la vita, e lo farà vivere in odore di santità. È qui, a San Giovanni Rotondo, che Padre Pio riceverà le stimmate.

La «reggia» di San Giovanni Rotondo, così lontana dal mondo, raggiungibile solo a piedi per una stradina ciottolosa e polverosa, arricchisce ogni giorno di più l'animo di Padre Pio, che ora può dedicarsi alla meditazione e alla preghiera vivendo in comunione con la natura e con Dio.

È su una montagna assolata, in una natura alquanto selvaggia, forse un po' arida, ma dove i silenzi sono sterminati. Qui le voci del mondo arrivano ovattate e non riescono a rompere l'incantesimo della serenità e della pace.

I segni rossastri alle mani, ai piedi e al costato si fanno spesso più evidenti e Padre Pio tenta di nasconderli come può, con umiltà e pudore, sia agli ospiti che ai suoi confratelli cui molte volte al giorno si unisce in preghiera. Intanto ogni giorno mangia meno: il cibo incomincia a non avere importanza per il frate da Pietrelcina che lo considera un increscioso dovere per il sostentamento fisico. Ormai sta diventando sempre più un uomo spirituale.

Le stimmate, il segno rosso del suo martirio, l'elemento determinante forse per iniziare anni dopo il processo di beatificazione, lo caratterizzano sempre più agli occhi del mondo. Cinquant'anni di stimmate sono il segno inconfutabile della sofferenza fisica e spirituale del frate del Gargano. Quello che veramente accadde nella sua carne e dentro l'anima in quel 20 settembre 1918 non lo sapremo mai, rimarrà con i misteri spirituali dei mistici, da Francesco a Rita, giganti della santità che hanno avuto la fortuna di essere in contatto con il Signore e di portare in vita i segni della passione di Cristo a testimonianza e messaggio.

Ma di questo prodigio vediamo cosa dice proprio Padre Pio in tre lettere che rappresentano nell'insieme un documento eccezionale e altamente umano nella sua spirituale drammaticità. È una specie di film del martirio che ha dovuto subire il «monaco santo di San Giovanni Rotondo», prima per volontà divina, poi per il volere degli uomini che tutto vogliono sapere, scrutare, anche nei meandri di quello spazio dell'anima che appartiene al mistero. Padre Pio accettò tutto, da Dio e dagli uomini, con rassegnazione, ma anche con gioiosa serenità, ben sapendo di essere privilegiato.

«Con senso di profonda umiltà parlo a voi, religiosi dell'ordine e fedeli dei gruppi di preghiere e fratelli tutti. Me lo impone, questo senso di umiltà, la figura di Padre Pio cui la morte repentina e pure attesa ha dato l'ultimo tocco, e trasferendosi al di là della vicenda terrena, ha consentito a tutti, anche agli ostinati avversari, di almeno intravederne la statura spirituale.

Di lui tacerò i fatti singolari che pure hanno concorso a richiamare sull'umile cappuccino di un convento del Gargano l'attenzione del mondo: le stimmate, il profumo misterioso, i carismi di profezia, di scrutamento dei cuori, non li nego, non li affermo, ne rimetto il discernimento e il giudizio alla Chiesa, e penso con san Paolo che non sono questi doni dello spirito a farne grandezza, perché come tutti i carismi, doni gratuiti che l'unico Signore distribuisce come vuole, sono dati per il bene del corpo mistico, cioè della comunità ecclesiale, della quale Cristo è Capo».

Con queste parole il cardinale Giacomo Lercaro, arcivescovo di Bologna, iniziava una conferenza su Padre Pio che ho avuto la fortuna di ascoltare. Tanto più importanti sono le affermazioni del cardinale Lercaro se si considera che in tempi passati, proprio da ambienti vicini a lui, erano partiti gli strali contro il frate del Gargano.

Anche un principe della Chiesa, uomo del Vaticano parla, quindi, delle stimmate di Padre Pio con senso di velato stupore. Ma ecco come descrive il primo accenno di quel prodigio lo stesso Padre Pio in una lettera a padre

Benedetto. È il periodo in cui il frate è a Pietrelcina per curare la sua malferma salute.

Pietrelcina, 8 settembre 1911

Mio caro Padre,

non mi sgridi se rispondo alla sua con un po' di ritardo; non è stato per mancanza di volontà né per svogliatezza, ma il motivo è stato perché io mi trovo in campagna a respirare un po' d'aria più sana dietro che ne ho sperimentato la miglioria. Quindi oggi, appunto nel recarmi al paese per celebrare, mi è stata consegnata la sua, alla quale senza perder tempo mi sono determinato a rispondere subito.

Ieri sera poi mi è successa una cosa che io non so spiegare, né comprendere.

In mezzo alla palma delle mani è apparso un po' di rosso, quasi quanto la forma di un centesimo, accompagnato anche da un forte e acuto dolore in mezzo a quel po' di rosso. Questo dolore era più sensibile in mezzo alla mano sinistra tanto che dura ancora. Anche sotto i piedi avverto un po' di dolore.

Questo fenomeno è quasi da un anno che si va ripetendo, però adesso era da un pezzo che più non si ripeteva. Non si inquieti, però, se adesso per la prima volta glielo dico; perché mi sono fatto vincere sempre da quella maledetta vergogna. Anche adesso se sapesse quanta violenza ho dovuto farmi per dirglielo!

Molte cose avrei da dirle ma mi vien meno la parola, solo le dico che i battiti del cuore allorché mi trovo con Gesù sacramentato son molto forti. Sembrami alle volte che voglia uscirsene dal petto. All'altare alle volte mi sento talmente un accendimento per tutta la persona che non posso descriverglielo, il viso massimamente mi sembra che voglia andare tutto in fuoco.

Che segni son questi, padre mio, lo ignoro. Si figuri poi se è mio desiderio ritornarmene in convento. Il maggiore dei sacrifici che ho fatto al Signore è stato appunto di non aver potuto vivere in convento. Però non credo mai che Ella vorrà assolutamente che io debba proprio morire. In casa, è vero, ho sofferto e sto soffrendo, ma non mi sono mai reso impotente in adempiere al mio ufficio, il che non mi è stato mai possibile in convento. Se si trattava di soffrire solo, benissimo. Ma l'esser di peso e di fastidio agli altri senza altro risultato se non quello della morte non saprei che rispondere. Del resto parmi che anche io ho tutto il dovere e il diritto di non privarmi direttamente della vita a 24 anni. Il Signore pare che così vuole. Consideri che sono più morto che vivo e poi faccia come crede che son disposto a fare qualunque sacrifizio se trattasi di ubbidienza.

Grazie dell'abito. Le cinque messe di agosto e le cinque di settembre le dirò nel corso di questo mese e nel principio dell'altro mese.

In attesa di ricevere le sue notizie le chieggo la sua benedizione.

IL SUO F. PIO

8

LE STIMMATE

Comparivano e scomparivano: macchie sanguigne, dolori acuti, sono quei segni che tanto interesse susciteranno negli anni successivi in tutto il mondo, che faranno intervenire pro e contro medici, direttori spirituali, autorità ecclesiastiche. Quasi ogni settimana il fenomeno si ripeteva e poi scompariva, finché nel 1918 Padre Pio, che ormai si era stabilito a San Giovanni Rotondo, ricevette le stimmate che resteranno visibili fino alla morte. È sempre a padre Benedetto che ne scrive il 22 ottobre:

Carissimo padre,

Gesù Sole di Giustizia rifulga sempre nel vostro spirito, avvolto nella misteriosa oscurità della prova voluta da Lui stesso e direttamente. Padre, perché siete così angosciato e pieno di timore nel vostro spirito? Tranquillizzatevi perché Gesù è con voi ed è contento di voi. Mi strazia l'anima sapervi in tanta sofferenza spirituale. Quanto ho pregato nostro Signore per voi; Egli mi fa sentire nel cuore ch'è con voi sempre ed ha raddoppiato la sua grazia, la sua preferenza, le sue predilezioni verso il vostro spirito [...].

Cosa dirvi a riguardo di ciò che mi domandate, del come sia avvenuta la mia crocefissione?

Mio Dio! che confusione e che umiliazione io provo nel dover manifestare ciò che Tu hai operato in questa meschina creatura!!!

Era la mattina del 20 dello scorso mese. Ero in coro, dopo la celebrazione della Santa Messa, allorché venni sorpreso dal riposo simile a un dolce sonno. Tutti i sensi interni ed esterni nonché le stesse facoltà dell'anima si trovarono in una quiete indescrivibile. In tutto questo vi fu totale silenzio intorno a me. Vi subentrò subito una gran pace ed abbandono alla completa privazione del tutto ed una posa nella stessa rovina.

E tutto questo avvenne in un baleno. E mentre tutto questo si andava operando, mi vidi innanzi un misterioso Personaggio, simile a quello visto il 5 agosto, che differenziava in questo solamente che aveva le Mani, i Piedi e il Costato che grondavano sangue.

La sua vista mi atterrì... ciò che sentii in quell'istante non saprei dirvelo... mi sentii morire e sarei morto se il Signore non fosse intervenuto a sostenere il cuore che sentivo sbalzare dal petto.

La vista del Personaggio si ritirò ed io mi avvidi che mani, piedi e costato erano traforati e grondavano sangue.

Immaginate lo strazio che sperimentai allora e che vado esperimentando continuamente quasi tutti i giorni; la ferita del cuore getta assiduamente del sangue, specie dal giovedì sera fino al sabato.

Padre mio, io muoio dal dolore per lo strazio e la confusione susseguente che io provo nell'intimo dell'anima! Temo di morire dissanguato se il Signore non ascolta i gemiti del mio povero cuore col ritirarsi da questa operazione...

Mi farà questa grazia Gesù che è tanto buono? Toglierà almeno da me questa confusione che io esperimento per questi segni? [...]

Padre mio, ora che il mio interno vi è noto non disdegnate di far giungere fino a me la parola del conforto in mezzo a sì fiera e dura amarezza.

Io prego sempre per voi, per il povero P. Agostino, per tutti. Beneditemi sempre, vostro aff.mo figlio

FRA PIO

La sera del 5 agosto, fatto a cui accenna nella lettera, Padre Pio aveva ricevuto la transverberazione, ovvero la ferita al costato, anch'essa sanguinante, fenomeno mistico simile a quello accaduto a santa Teresa d'Avila.

Ecco la lettera che aveva scritto sull'avvenimento al suo confessore, padre Agostino.

«Me ne stavo confessando i nostri ragazzi la sera del 5, quando, tutto ad un tratto, fui riempito di un estremo terrore alla vista di un Personaggio Celeste che mi si presentò dinanzi all'occhio dell'intelligenza. Teneva in mano una specie di arnese, simile ad una lunghissima lancia di ferro con una punta bene affilata e che sembrava che da essa punta uscisse fuoco. Vedere tutto questo e osservare detto Personaggio scagliare con tutta violenza il suddetto arnese nell'anima, fu tutto una cosa sola!

A stento emisi un lamento, mi sentivo morire!... Dissi al ragazzo che si fosse ritirato perché mi sentivo male e non sentivo la forza di continuare. Questo martirio durò senza interruzione fino al mattino del giorno 7. Cosa io soffrii in questo periodo sì luttuoso, io non so dirlo! Persino le viscere vedevo che venivano strappate e stiracchiate dentro quell'arnese, e tutto era messo a ferro e a fuoco!

Da quel giorno in qua io sono stato ferito a morte. Sento nel più intimo dell'anima mia una ferita che è sempre aperta e mi fa spasimare assiduamente.

Non è questa una nuova punizione inflittami dalla Giustizia Divina? Giudicatelo voi quanta verità sia contenuta in questo e se io non ho tutte le ragioni di temere di essere in un'estrema angoscia.

Vi bacio con profondo rispetto la mano, chiedendovi la santa benedizione mi ripeto il vostro figlio

FRA PIO CAPP.NO

9

IL MISTERO DEL PROFUMO

Si è parlato tanto del «profumo» di Padre Pio; qualcuno lo ha paragonato a quello delle viole, qualche altro ad un misto di rose e ciclamini, e sempre, per chi ha avuto la fortuna di sentirlo, era un misterioso messaggio: un invito, un ricordo, un richiamo. I fedeli più vicini al frate hanno beneficiato più sovente di questo dono mistico.

Una volta ero nella chiesa vecchia del convento ad ascoltare la Messa, la lunga Messa di Padre Pio, e proprio all'elevazione dell'Ostia, mi distrassi pensando ad altro, restando in piedi, unico in mezzo alla folla di fedeli inginocchiati. Improvvisamente fui colpito da un penetrante odore di viole che mi fece tornare alla realtà, e guardandomi intorno, e notando quella folla inginocchiata, quasi frastornato, mi chinai anch'io col ginocchio a terra, ma senza pensare allo strano profumo. Fu dopo lo scampanellio che annunciava la fine del momento rituale più intenso della Messa che guardando sull'altare Padre Pio, pensai con stupore al misterioso profumo. Come al solito, dopo la funzione religiosa, mi recai a salutare il frate che mi accolse con questa battuta:

«Che, oggi eri nu poco stunato 'ncapa?» (Che, oggi eri un po' assente?).

«Sì, padre, oggi sono stato un po' distratto. Fortunatamente mi ha svegliato il vostro profumo...».

«Ma quale profumo, per te ci vogliono e paccari» (gli schiaffoni).

Il profumo di Padre Pio, che i fedeli a San Giovanni Rotondo chiamano l'odore della santità, consiste in un effluvio che non ha niente a che vedere con i normali profumi in commercio: è penetrante e inconfondibile. Esso è definito dagli studiosi come «osmogenesia». Testimone autorevole sul fenomeno, oltre a vari suoi confratelli come padre Agostino da San Marco in Lamis, è stato il dottor Luigi Romanelli (il medico incaricato di accertare le stimmate) che in una lettera-relazione inviata il 7 novembre 1920 al padre provinciale Pietro da Ischitella così scriveva:

«Nel giugno del 1919, allorché per la prima volta mi recai a San Giovanni Rotondo, appena fui presentato a Padre Pio, notai che dal suo corpo proveniva un certo odore, tanto che al molto reverendo Padre E. E. da Valenzano che era con me, dissi che non mi pareva una gran buona cosa che un frate, e tenuto poi in quel concetto, usasse profumi. Per altri due giorni di permanenza in San Giovanni non notai più alcun odore, pur stando nella cella e sempre in compagnia di Padre Pio. Prima di partire, e propriamente nelle ore pomeridiane, salendo le scale, d'un tratto notai lo stesso odore del primo giorno, ma fu cosa di pochi istanti.

E noti, molto reverendo padre, che non era suggestione la mia; prima perché nessuno mi aveva mai parlato di tale fenomeno, e poi perché se fossi stato suggestionato, avrei dovuto sempre e non a intervallo lungo di tempo, notare quell'odore. Ed ho voluto fare questa leale dichiarazione, perché è troppo abituale consuetudine attribuire a suggestione quei fenomeni che non si spiegano o non si fanno spiegare».

Addirittura il dottor Romanelli allo stesso padre provinciale dice di aver «quasi gustato» quel profumo tale era l'intensità di penetrazione.

Ed ancora, padre Raffaele di Sant'Elia a Pianisi, vissuto per anni con Padre Pio, così racconta: «In coro, durante la recita del divino ufficio, alle volte si avvertiva un profumo del tutto particolare, che emanava dalle piaghe delle sue mani sanguinanti; lo stesso profumo ho avvertito più di una volta nella sua cella quando vi andavo per parlargli di qualche infermo od altro. Una sera poi, dopo cena, mentre tutta la comunità dal refettorio andava in coro per il ringraziamento, com'è nostra consuetudine, appena salita la scalinata, come fummo nel corridoio, Padre Pio (proprio allora era passato) lasciò dietro di sé una scia di profumo che inondò tutto il corridoio».

Sarà questo profumo un altro mistico dono della virtù di Padre Pio, o non piuttosto un segnale singolare per quelli che hanno avuto più fede in lui, che lo hanno seguito, che hanno creduto nel suo messaggio di pace e di santità? E se questa indefinibile essenza di ciclamini, rose, viole ha toccato anche quelli che non hanno fede, quelli lontani dalla via di Dio, che cosa vuol dire? Si sa che Padre Pio era sempre vicinissimo alle pecorelle smarrite, era più dolce e tollerante con quelli di poca fede che con gli altri, per recuperarli al Signore. Un profumo quindi per tutti, buoni e cattivi, ma forse più penetrante, più «gustato» dai lontani, e quindi più vero.

10

LA BILOCAZIONE

Padre Pio ebbe il dono della bilocazione che si avvertiva sia fisicamente sia attraverso il fenomeno del profumo intenso, ora di viole, ora di rose, ora di gigli, pur se è accertato che il Padre da San Giovanni non si è mai mosso.

Così avvenne un giorno che, mentre guardava dalla finestra, il Padre rimase assorto, completamente assente, e allorché i confratelli più giovani passavano per baciargli la mano, egli mormorava le parole dell'assoluzione. Pochi giorni dopo, un telegramma di ringraziamento giungeva da Torino per essere stato il Padre vicino ad un moribondo e averlo aiutato a morire santamente.

La marchesa Giovanna Rizzani Boschi ebbe modo di raccontare come il Padre le parlò delle circostanze della sua nascita, pur non avendovi assistito.

«Affido a te questa creatura», aveva detto al Padre la Madonna in sogno. «Ma io non posso occuparmene, perché sono tanto lontano!». «Verrà lei da te, ma prima la vedrai in San Pietro!», rispose la Madonna. Di ciò anche il Padre parlò in un suo scritto.

Tutto questo ha dell'incredibile se si pensa che la marchesa Rizzani Boschi ignorava persino chi fosse Padre Pio, finché non lo conobbe e ne divenne figlia spirituale e collaboratrice.

Ed ecco come si avvera la seconda parte, l'incontro in San Pietro. La marchesa si aggirava una sera nella basilica di San Pietro in cerca di un sacerdote con cui parlare di certi dubbi sulla fede: «L'ora è tarda e la chiesa si deve chiudere», dice il sacrista!

D'un tratto scorge un giovane frate cappuccino in un confessionale: gli parla e ne riceve delle risposte esaurienti. Ritornata da una sua amica le riferisce circa le risposte ricevute e le propone di andare a baciare la mano a quel frate. Ma il confessionale era vuoto e il sacrista non aveva visto nessun cappuccino quel giorno!

Esattamente un anno dopo la marchesa si recò a San Giovanni Rotondo per accompagnare una zia che voleva confessarsi dal Padre. Quando Padre Pio passò nel corridoio subito la vide e la fissò: «Io ti conosco! Tu sei Giovanna e sei nata il giorno in cui tuo padre morì». La marchesa rimase sbalordita! Il giorno dopo andò a confessarsi dal Padre e gli chiese come facesse a sapere tante sue cose private: «Tu hai già parlato con me un anno fa, in San Pietro! Ricordi? Ero io quel cappuccino cui hai chiesto consiglio».

Da allora la marchesa andò sempre più spesso a San Giovanni Rotondo e divenne una delle collaboratrici più fidate del Padre.

Tre giorni prima che Padre Pio morisse, il 19 settembre, arrivai a San Giovanni con il fotografo Pietro D'Alessandro, con l'intenzione, naturalmente, di realizzare un servizio giornalistico. Stranamente, la porta della chiesa del convento era chiusa. Andammo allora nell'orto, dove trovammo una porta aperta su una scalinata che portava al convento. Salimmo, e alla sommità delle scale incontrammo Padre Pio. Noi ci inginocchiammo e lui ci poggiò la mano sulla testa benedicendoci. Ma, cosa strana, il fotografo non scattò neanche una foto, proprio il D'Alessandro che era abituato a scattarne a raffica e non perdeva occasione per avere un nuovo documento su Padre Pio. Era rimasto turbato e il flash non fu azionato. Scendendo le scale, pensierosi, ci guardavamo meravigliati e notammo un'altra cosa insolita: Padre Pio non si era arrabbiato vedendo la macchina fotografica e sì che alla vista di un fotografo aveva sempre qualche scatto di insofferenza, diceva sempre qualche parola burbera.

Uscendo sul piazzale antistante il convento, incontrammo padre Lino da Prata, superiore del convento dell'Immacolata di Foggia, con il quale mantenevo una sincera amicizia. Gli dicemmo che avevamo appena incontrato Padre Pio e lui rispose che non era possibile: «Padre Pio è ammalato, sta a letto da giorni». Io e il fotografo restammo scioccati: come era possibile, nel momento in cui noi ci eravamo inginocchiati davanti a lui, Padre Pio stava altrove, nella sua cella, addirittura a letto guardato a vista. Eppure questo ricordo in me è chiaro. Con me c'era un'altra persona, entrambi eravamo molto giovani, e in piena salute, quindi non c'è spazio per equivoci, per impressioni, per allucinazioni. Noi abbiamo visto Padre Pio, ci siamo inginocchiati, abbiamo sentito la sua mano sulla nostra testa, ci ha benedetti: era lì ed era altrove.

Quelli che hanno visto

Mons. Schinosi, il Vescovo che lo aveva ordinato sacerdote, lo ebbe vicino al suo letto di morte.

Un colonnello italiano dichiarò che il Padre visitava i prigionieri tutte le sere, in India, e che poi Padre Pio li riconobbe tutti quando questi si recarono a fargli visita.

Anche don Orione, il fondatore della «piccola opera della Divina Provvidenza» canonizzato da Giovanni Paolo II nel 2004, ha detto di aver visto il Padre, in San Pietro, alla canonizzazione di santa Teresa di Gesù Bambino.

La Beata Speranza, fondatrice delle Ancelle dell'Amore Misericordioso, raccontò di aver visto Padre Pio, per un anno intero, tutti i giorni a Roma. Sappiamo benissimo che il Padre non è mai stato a Roma, se non una volta per accompagnare la sorella che aveva deciso di entrare in un monastero di clausura nel 1917.

Il generale Luigi Cadorna, dopo la sconfitta di Caporetto, cadde in tale prostrazione da pensare al suicidio. Una sera si ritirò nel suo appartamento e diede ordine al suo attendente di non far passare nessuno. Entrato nella sua camera, estrasse da un cassetto una rivoltella e mentre se la stava puntando alla tempia: «Suvvia, generale, non vorrete mica compiere questa sciocchezza?!». Una voce mai udita e la presenza di un frate distolsero il generale dal suo proposito, lasciandolo di sasso. Ma, come era potuto entrare questo personaggio in camera sua?! Chiese spiegazione all'attendente, ma quegli gli rispose che non aveva visto entrare e uscire nessuno! Anni dopo, il generale viene a sapere dalla stampa di un frate che vive sul Gargano e opera miracoli. Si reca a San Giovanni in incognito e quale è lo stupore quando riconosce in quel frate il cappuccino di quella sera!

«L'abbiamo scampata bella quella sera, eh generale!», gli sussurrò Padre Pio.

11

I NEMICI DI PADRE PIO

Con il dono delle stimmate inizia il calvario di Padre Pio. Un calvario fisico notevole perché, al forte dolore che gli provocano le ferite, si aggiunge la mancanza di forze causata dalla perdita del sangue e la morte della sorella Felicita avvenuta il 25 settembre. Una sofferenza atroce, come scrive chiaramente ai genitori il 26 settembre 1918, pochi giorni dopo l'eccezionale avvenimento.

Miei carissimi genitori,

col cuore spezzato dal più crudo dolore vi scrivo la presente. Ma che cosa devo dirvi se ogni parola viene soffocata dalla gola per l'acerbità del dolore?

Miei cari, nella durezza e nell'amarezza del dolore non mi rimane altra forza se non di esclamare: «Giusto sei, o Signore, e retti sono i tuoi giudizi. Dio me l'ha data la povera sorella mia e Dio me l'ha tolta, ne sia benedetto il Santo nome».

In questa esclamazione ed in questa rassegnazione trovo la forza sufficiente di non soccombere sotto il peso del dolore. Sono dolentissimo e... dispiaciuto di non poter venire per qualche giorno da voi per poter fondere insieme le nostre lacrime e il nostro dolore, perché mi sento malissimo ed impotente a poter intraprendere questo sì lungo e disastroso viaggio. Vi prego di starvene tranquilli sul conto mio perché sono uscito fuori pericolo.

Non vi dovete punto allarmare nel sapere lo stato di mia salute perché questo è stato eccezionale e di fronte agli altri miei confratelli qui residenti con me io sto al presente assai meglio di essi. Scrivetemi subito e fatemi sapere qualche cosa di particolareggiato intorno a mia sorella, nonché intorno alla vostra salute ed a quella della mamma.

Vi abbraccio caramente e vi prego ogni conforto da Dio.

VOSTRO FIGLIO PADRE PIO

Ma il calvario ancor più pesante da sopportare è quello spirituale, provocato dalla reazione di certa gente man mano che la notizia delle stimmate diventa di dominio pubblico. Molti sono gli scettici, molti mettono in dubbio la veridicità del fenomeno, alcuni pensano a raggiri truffaldini.

Integerrimo e durissimo con chi non mostrava pentimento per i propri peccati e con chi non attendeva degnamente al suo ministero nella Chiesa, Padre Pio, fin dai primi tempi del suo arrivo a San Giovanni Rotondo, non aveva tardato a farsi diversi nemici, particolarmente nel clero secolare del luogo. Fu proprio dall'avversione verso alcuni preti, di cui non condivideva il comportamento, che nacque una vera campagna contro di lui. Tra i suoi più acerrimi nemici, il più severo fu monsignor Pasquale Gagliardi, arcivescovo di Manfredonia, che davanti alla Congregazione Concistoriale a Roma dichiarò: «Padre Pio è un indemoniato e i frati di San Giovanni Rotondo sono una banda di truffatori».

A questo punto è chiaro che la Santa Sede doveva approfondire il caso del frate stigmatizzato, con la cautela che le è propria, ma anche con la severità che non può mancare agli organismi che operano nel difficile campo dei fenomeni sovrannaturali che possono creare nei fedeli grandi turbamenti.

Sono proprio i fedeli più semplici, il popolo devoto a credere senza ombra di dubbio all'autenticità delle stimmate di Padre Pio, ma i nemici cercano di avversarlo in ogni modo. Che le ferite alle mani, ai piedi e al costato del frate ci siano, è inoppugnabile, allora si afferma che si tratta senz'altro di isterismo o, addirittura, di un colpevole autolesionismo. La sofferenza di Padre Pio diventa lacerante. Al bruciore della carne si aggiunge il dramma dell'uomo che si sente giudicato e condannato pur essendo innocente. Interviene la scienza e si impossessa in vario modo del fenomeno Padre Pio. Medici e uomini di scienza vengono a San Giovanni Rotondo inviati dal Vaticano e da organismi religiosi pronti a indagare e stilare relazioni durissime pur di smitizzare le stimmate «donate» a Padre Pio. Fra questi il professor Luigi Bignami, ordinario di patologia all'università di Roma, nel 1919 scrive: «Nella palma della mano destra un'escara nerastra in forma rotondeggiante, in parte distaccata dalla cute sottostante, sottilissima, comprende l'epidermide e forse la parte più superficiale del derma, a contorni e limiti netti. La cute circostante è di aspetto normale, non infiltrata, colorata intensamente per un breve alone con tintura di iodio. Un'escara identica, ma più superficiale, si trova nel dorso della mano, nella regione corrispondente a quella della palma».

Durante questo accertamento scientifico il professor Bignami, prima di lasciare Padre Pio, con aria severa, domanda: «Padre, perché le sono venute proprio alle mani, ai piedi e al costato queste ferite anziché in un'altra parte del corpo?». E Padre Pio, con profonda dolcezza: «Lei che è scienziato, mi sa dire perché queste ferite avrebbero dovuto colpire un'altra parte del corpo?».

Nella relazione del dottor Luigi Romanelli, primario dell'ospedale di Barletta, si legge a proposito delle stimmate di Padre Pio: «Quando visitai per la prima volta Padre Pio la ferita del torace presentava un taglio netto parallelo alle costole, lungo sette o otto centimetri e molto sanguinante. Le lesioni che presentavano le mani, quando le ho viste la prima volta, erano ricoperte da una membrana tumente, di colore rosso bruno. Ebbi la convinzione, anzi la certezza, che quelle ferite non fossero superficiali perché, esercitando una certa pressione con le mie dita e stringendo fra esse lo spessore della mano, ebbi l'idea esatta del vuoto che esisteva fra le due lesioni».

Queste due relazioni, sostanzialmente in antitesi, non soddisfano la Santa Sede che invia a San Giovanni Rotondo il professor Giorgio Festa, romano, il quale visiterà spesso Padre Pio dal 1919 al 1938, inviando periodiche relazioni scientifiche alla Santa Sede. In una di queste relazioni si legge: «Mentre esaminavo le ferite alle mani e al costato, brevi e continue stille di sangue gemevano dal loro contorno... Al fine di poter bene osservare le lesioni di Padre Pio lo aiutai io stesso a togliersi le calze e subito mi accorsi essere abbondantemente intrise di sierosità sanguigna». Ed ancora: «In un colloquio avuto con me sull'argomento, il superiore di Padre Pio dichiarò: "Se dalle superiori autorità io venissi interrogato su questo particolare, dovrei rispondere e confermare con giuramento, tanta è l'impressione ricevuta, che, fissando lo sguardo sulle ferite delle regioni palmari delle sue mani, sarebbe stato facile scorgere nei suoi dettagli uno scritto o un oggetto previamente situato nel lato opposto di esse"».

Ma le visite, i controlli, lo scetticismo continuano. Per Padre Pio è una continua mortificazione alla quale non si sottrae per obbedienza, ma che gli procura una profonda depressione spirituale. Ecco una lettera dell'8 ottobre 1920, diretta al suo confessore padre Benedetto.

Mio carissimo Padre,

cosa dirvi del mio spirito? Mi vedo posto nella estrema desolazione. Sono solo a portare il peso di tutti e il pensiero di non poter apportare quel sollievo di spirito a coloro che Gesù mi manda, il pensiero di vedere tante anime che vertiginosamente si vogliono giustificare nel male, a dispetto del Sommo Bene, mi affligge, mi tortura, mi martirizza, mi logora il cervello e mi dilania il cuore.

Le due forze che in apparenza sembrano estremamente contrarie, quella di voler vivere per giovare ai fratelli in esilio e quella di voler morire per unirmi allo Sposo, in questi ultimi tempi le sento superlativamente ingigantirsi nell'alta pena dello spirito. Mi dilacerano l'anima e mi tolgono la pace non intima dell'anima, sebbene quella pace la toccano, diciamo così, soltanto all'infuori, ma che pure conosco essermi tanto necessaria per poter agire con più dolcezza.

Ah! Padre mio, non mi lasciate solo. Soccorretemi con la preghiera. Mi sento che mi toglie calma e riposo ed anche l'appetito...

Vi bacio con rispetto la mano e voi beneditemi. Vostro figliolo

P. PIO CAPP.NO

La veridicità della natura sovrannaturale delle stimmate era difficilmente accettabile. I dubbi continuavano a serpeggiare e a provocare visite di controllo. Arriva il giorno, però, che il Vaticano decide di sospendere l'invio di medici; nessuno può più avvicinare Padre Pio, nemmeno padre Agostino Gemelli, che, presentatosi al convento, ha un netto rifiuto. In quell'occasione, nel registro dei visitatori, padre Gemelli scrive: «Ogni giorno l'albero francescano dà nuovi frutti; e questo è il conforto più grande a chi trae vita da questo albero meraviglioso». Parole che non vogliono certo essere di consenso verso Padre Pio, visto che proprio padre Gemelli era uno dei più tenaci assertori dell'origine isterica delle stimmate, nonostante che non le avesse mai potute osservare. E il suo pensiero certamente influirà sulle successive decisioni del Vaticano.

Nel 1923, durante il pontificato di Pio XI, un decreto del Sant'Uffizio rende noto che, dopo profondi accertamenti, si è pervenuti alla conclusione che i fenomeni attribuiti a Padre Pio non possono considerarsi di carattere sovrannaturale e che pertanto i fedeli sono pregati di comportarsi secondo lo spirito di questa autorevolissima dichiarazione. Questo documento fa parte degli *Acta Apostolicae Sedis*. Quando un frate ne comunica a Padre Pio il contenuto, egli, senza mostrare sorpresa, esclama:

«Quanto sono felice di soffrire con le piaghe del mio povero corpo, ma quanto vorrei che queste piaghe non fossero viste dagli altri, me ne vergogno tanto».

Le persecuzioni dei nemici di Padre Pio hanno così il loro effetto: arrivano le restrizioni. Il frate non può più celebrare la Messa in pubblico, non può ricevere né confessare fedeli, gli è vietato anche di scrivere. È come in una prigione, senza nemmeno l'ora d'aria che pure è concessa ai carcerati. Nella condanna del Sant'Uffizio ci sono anche gli esercizi spirituali da compiere, che piovono sul fraticello del Gargano come una manna dal cielo, come una dolce pena: ma quando compiere questi esercizi spirituali se l'intera giornata è dedicata al Signore, se ogni attimo è un profondo, misterioso esercizio spirituale?

La devozione dei fedeli verso Padre Pio, però, non tende a diminuire, e nel 1924 il Sant'Uffizio emette un duro monito vietando loro di «visitare *devotionis causa* Padre Pio e di intrattenere con lui qualsiasi relazione anche epistolare».

C'è anche il tentativo di trasferirlo altrove, ma il popolo insorge piantonando il convento per impedire che il frate possa essere portato via. In opposizione a certi nemici, infatti, Padre Pio ha tantissima gente che l'adora, che ha capito la sua generosità e l'importanza del suo apostolato. Già ci sono, qua e là, testimonianze di miracoli avvenuti per sua intercessione; la sua fama è ormai universale.

Sull'onda di questi avvenimenti, nel 1927, monsignor Felice Bevilacqua si reca in visita apostolica a San Giovanni Rotondo e inizia una vera e propria inchiesta nel convento e in tutti gli ambienti ad esso collegati. È coadiuvato nella sua opera da un figlio spirituale di Padre Pio, Emanuele Brunatto. Alla fine della delicata missione, l'arcivescovo di Manfredonia monsignor Gagliardi, accanito accusatore di

Padre Pio, viene deposto dalla carica, e con lui anche altri sacerdoti. I seguaci di Padre Pio tirano un sospiro di sollievo, ma per il frate stigmatizzato le restrizioni continuano.

Passeranno ancora sei anni, e soltanto il 16 luglio del 1933, dopo che diversi osservatori inviati da Pio XI si sono espressi in suo favore, il Papa farà emettere un decreto dal Sant'Uffizio in cui gli verrà finalmente concesso di dire nuovamente Messa in pubblico. Un anno dopo arriva il permesso di riprendere a confessare. E sono immediatamente folle enormi davanti al suo confessionale.

Durante quell'amaro periodo del frate, muore, il 3 gennaio 1929, Maria Giuseppa Di Nunzio, sua madre. È intento a pregare, quando gli comunicano la dolorosa notizia. Padre Pio scoppia in un pianto dirotto, invocando con grida disumane il nome della mamma. Ai confratelli che gli si fanno intorno per cercare di calmarlo ricordandogli che proprio lui aveva condannato simili scene di dolore, il frate, singhiozzando, risponde: «Avete ragione, ma ora capisco il dolore di perdere una persona cara, la più cara che esista!».

12

IL VERO MIRACOLO: LA CASA SOLLIEVO DELLA SOFFERENZA[1]

«No, non voglio che escano bare dalla mia Casa Sollievo della Sofferenza», esclamò una mattina del maggio 1966 Padre Pio, mentre era intento a guardare il grandioso ospedale da una cella del convento, nel momento in cui un carro funebre si apprestava a caricare una bara. Dicendo queste parole portò la mano alla fronte e rimase così per qualche attimo, poggiato sui vetri della piccola finestra, fino a quando padre Onorato non lo condusse via sussurrando: «Ma padre, gli ammalati muoiono anche...». E Padre Pio, guardandolo fissamente, quasi con aria di rimprovero: «Ma che dici tu, che ne sai degli ammalati; ci vogliono tanti medici e sempre bravi...!».

[1] Padre Pio, grande apostolo della sofferenza, soleva ripetere: «L'uomo che, superando se stesso, si china sulle piaghe del fratello sventurato, eleva al Signore la più bella, la più nobile preghiera, fatta di sacrificio, di amore vissuto». E ancora: «In ogni uomo ammalato vi è Gesù che soffre! In ogni povero vi è Gesù che langue! In ogni ammalato povero vi è due volte Gesù che soffre e langue!».

La storia della Casa Sollievo della Sofferenza diventerà leggenda nel futuro, proprio perché è una storia emblematica. Su una nuda roccia, in un ambiente povero, dall'idea di un frate senza soldi, è venuto fuori un complesso ospedaliero unico in Europa.

Era una freddissima sera di gennaio del 1940. Padre Pio si informava dai suoi visitatori dell'andamento della guerra; pensava ai combattenti che su diversi fronti soffrivano nella carne e nello spirito: fratelli contro fratelli. L'Italia non era ancora entrata nel vortice della seconda guerra mondiale, ma se ne avvertivano i tristi presagi. Volgendosi al medico condotto, il dottor Guglielmo Sanguinetti, che in quella sera del 9 gennaio era nella piccola cella del frate insieme con Mario Sanvico e Carlo Kisvarday, Padre Pio esclamò: «Da questa sera inizia la mia grande opera terrena». E subito dopo: «Che orrore la guerra! Poveri figli di mamma che muoiono, ma ancora più infelici quelli che restano offesi nella carne! In ogni uomo colpito nella carne c'è Gesù che soffre».

Ed ancora, stringendo il rosario fra le mani e guardando oltre i vetri della piccolissima finestra della cella, il frate dalle stimmate ebbe un sussulto: «Oh, i poveri che soffrono nella carne, quelli diseredati che non sanno come alleviare le pene! Quanti, quanti ce ne saranno qui, e quanti nel mondo intero che giacciono privi di conforto. Gesù amava i poveri; in ogni povero c'è Gesù che soffre; in ogni malato povero c'è Gesù che soffre due volte».

E, fissando il buon medico condotto che gli stava di fronte: «Speriamo che il buon Gesù ci aiuti a far soffrire meno gli ammalati poveri!».

Nasce così, nel freddo di una angusta cella, l'idea della Casa Sollievo della Sofferenza, che sarà l'orgoglio di Padre Pio, ma anche la sua sofferenza, il suo dramma terreno!

Il primo obolo lo offrì lo stesso frate, con una monetina d'oro, avuta in elemosina da una povera vecchietta ai primi del 1940. «Questa è la prima pietra di un grande ospedale che costruiremo qui», disse Padre Pio, rivolgendosi sempre al dott. Sanguinetti, indicando la piccola monetina che luccicava nel palmo della sua mano bendata. Al dottor Sanvico che, qualche giorno dopo, gli chiese quale nome intendesse dare all'opera, rispose: Casa Sollievo della Sofferenza.

Gli uomini, per Padre Pio, soffrivano e nella carne e nello spirito, ma mentre per lenire le pene dello spirito era necessario possedere una grande fede, per lo strazio della carne, oltre che la stessa fede confortata dalla speranza, era necessaria l'opera dell'uomo.

Nasceva con questa prospettiva la grandiosa opera di Padre Pio, che desiderava far ricoverare in essa i poveri per curarli nella carne, senza che avessero preoccupazioni di denaro. Si poteva benissimo chiamare l'ospedale dei poveri, ma per Padre Pio non esistevano differenze di classe: tutti uguali gli uomini davanti a Dio, tutti uguali dinanzi alle sofferenze fisiche! In tutte le storiografie scritte sulla

Casa Sollievo della Sofferenza, non si legge, però, l'intimo volere del frate dalle stimmate, che avrebbe voluto la sua opera al servizio degli indigenti, gratuitamente.

L'idea di Padre Pio, naturalmente, fece subito proseliti. Tra i primi benefattori che donarono la propria offerta per la realizzazione dell'ospedale vi furono Elena Bandini, il dottor Sanvico, Ida Seitz, Davide Aucone, Ettore Masone, Silvio Zeni, Antonio Massa, Cleonice Morcaldi, il dottor Kisvarday e un cieco, Pietro Cuggino. In tutto furono raccolte novecentosessantasette lire. Era il primo passo per un'opera che sarebbe costata miliardi. Padre Pio era fiducioso: la carità umana poteva fare il miracolo. A San Giovanni Rotondo, infatti, incominciarono ad arrivare i primi contributi abbastanza cospicui per la costruzione della Casa Sollievo della Sofferenza. Il sindaco di New York, Fiorello La Guardia, nato a Foggia, inviò duecentocinquanta milioni di lire, e fu l'inizio di una serie di oboli che continuarono a giungere dagli Stati Uniti e da ogni angolo della terra.

Ormai il vero miracolo di Padre Pio iniziava a suscitare entusiasmi, ma anche perplessità in tutto il mondo. I soldi c'erano; mancava solo l'uomo che potesse costruire materialmente l'ospedale. Padre Pio non si rivolse agli ingegneri o agli architetti, né bandì concorsi per la costruzione dell'opera. Un giorno chiamò nella sua cella un certo Angelo Lupi, nativo di Pescara, e lo pregò di interessarsi della costruzione della Casa Sollievo della Sofferenza. Lupi non era un ingegnere, aveva soltanto una forza di volontà eccezionale e un grande ingegno, ma al di sopra di queste doti, vivevano in lui una grande devozione verso Padre Pio e una profonda fede nella divina provvidenza. E la divina provvidenza non fece mancare il suo intervento: il 5 maggio 1956, il gigantesco complesso ospedaliero fu inaugurato dal cardinale Giacomo Lercaro, che disse: «Il dito di Dio è qui! Ve ne siete accorti a San Giovanni Rotondo? Se n'è accorto tutto il mondo!».

E Pio XII, durante una udienza concessa ai dirigenti della Casa, affermò: «L'ospedale di San Giovanni Rotondo, che apre ora i suoi battenti, è il frutto di una delle più grandi intuizioni, d'un ideale lungamente maturato e perfezionato a contatto con i più svariati e più crudeli aspetti della sofferenza morale e fisica dell'umanità. Chi è professionalmente chiamato a curare le anime e i corpi non tarda a rendersi conto fino a che punto il dolore corporeo, sotto tutti i suoi aspetti, pervade l'uomo intero, giungendo nei più remoti strati del suo essere morale; esso lo obbliga a porsi di nuovo i quesiti fondamentali del suo destino, del suo atteggiamento nei confronti di Dio e degli altri uomini, della sua responsabilità individuale e collettiva, del senso del suo pellegrinaggio terrestre».

La grandiosa idea di Padre Pio era ormai una realtà. La Casa Sollievo della Sofferenza era nata e subito i più grossi luminari della medicina mondiale decisero di prestarvi la propria opera, chi stabilmente, chi in forma saltuaria.

Oggi, ad oltre cinquant'anni dalla sua inaugurazione, la Casa Sollievo della Sofferenza, all'avanguardia nelle attrezzature tecnicoscientifiche e nei sistemi igienico-sanitari, è ancora in via di ampliamento, in quanto i posti letto disponibili continuano a non essere sufficienti a soddisfare le richieste di ricovero.

13

I NUOVI NEMICI DI PADRE PIO

Ho scritto che l'unica volta che ho lasciato San Giovanni Rotondo con l'animo triste è stato quando Padre Pio non poté fare niente per la figlia d'un mio collega, gravemente ammalata.

È vero, eppure in tante altre occasioni Padre Pio è stato duro con me, qualche volta mi ha addirittura cacciato via, ma non sono mai rimaste in me tracce di amarezza o di sconforto, anche perché sapevo che la volta successiva mi avrebbe accolto diversamente, e poi in fondo mi sentivo un po' colpevole. Già, perché quando mi cacciava in malo modo, era sempre perché lo facevo arrabbiare andando a fargli visita, in compagnia del fotografo. Lo disturbavano i flash, l'armeggiare delle macchine fotografiche, ne provava fastidio, soprattutto perché voleva evitare qualunque cosa che potesse alimentare la sua fama, la pubblicità che si faceva attorno al suo nome. Io, invece, mi ero reso conto fin da principio che quel magnifico strumento di comunicazione che è il giornale poteva portare il messaggio di Padre Pio oltre San Giovanni Rotondo, oltre la Puglia. E, soprattutto, si poteva con una informazione corretta cercare di fare chiarezza sulle tante infondate notizie che trovavano continuamente eco sui vari mass media. Era difficile, però, concretizzare pienamente la mia idea, vista la posizione sfavorevole del frate nei confronti della stampa, e l'impossibilità, da parte mia, di inventare ogni volta sotterfugi, in quanto non ero capace di sopportare, mentendo, il suo sguardo penetrante. Nonostante ciò, anche grazie all'aiuto dei frati miei amici, sono riuscito a realizzare molti servizi su Padre Pio. Nel 1960, ad esempio, quando si parlava di farlo trasferire da San Giovanni Rotondo addirittura in Spagna, fui io ad annunciare, su un quotidiano di Roma, il *Telesera,* quella notizia. E forse, chissà, l'averla resa nota prima del tempo contribuì a farla rientrare.

Era, quella, l'epoca delle grandi calunnie, delle accuse verso un uomo che aveva dedicato l'intera esistenza al bene del suo prossimo, l'uomo che riscuotendo tanta fiducia nella gente riceveva offerte da tutto il mondo da destinare alle sue opere. Offerte che gli arrivavano abbondantissime, perché grande e generosa era la sua idea ed enorme l'entusiasmo che aveva suscitato nella gente di ogni continente e ceto sociale. Ma proprio l'afflusso di tanto denaro provocò a Padre Pio altre umiliazioni e sofferenze.

Intorno a questi aiuti, infatti, si gettarono con avidità

persone senza scrupoli. Anche alcuni suoi confratelli purtroppo. Religiosi più ingenui che cattivi, i quali, coinvolti in affari finanziari poco chiari, a un certo punto si resero conto che per tappare dei buchi così grossi e imprevisti avrebbero dovuto mettere le mani sulle offerte di Padre Pio. Solo così sarebbero riusciti a trovare la via del pareggio finanziario. E il povero frate, innocente, si ritrovò coinvolto nella tempesta.

Ma su questo argomento lasciamo la parola al cardinale Lercaro:

«Non era ad addolorare Padre Pio, a farlo agonizzare il fatto che, contro ogni diritto, si tentasse di disporre delle ricchezze che rappresentava la Casa Sollievo della Sofferenza e che ad essa affluivano dalla carità dei suoi figli spirituali... Certo egli doveva difendere le intenzioni degli offerenti, per salvaguardare le quali gli era stato concesso, nonostante il voto di povertà, di disporre di proprietà sua di quei beni ed egli, finché non credette di trovarsi di fronte a una volontà superiore che, nel segno dell'obbedienza, gli sottraeva l'Opera prediletta, rimase umilmente e serenamente fermo.

Ma ad addolorarlo nel profondo, a farlo agonizzare come il Salvatore nell'orto degli Ulivi, era il fatto che egli non tanto per la Chiesa soffriva – ciò che lo avrebbe confortato con la luce della beatitudine annunziata a chi soffre per l'evangelo – quanto il fatto che "dalla" Chiesa soffriva; dagli uomini della Chiesa, che portano nella comunità, che Cristo anima del suo spirito e rende mirabile sacramento di salvezza, il peso delle loro miserie, avidità, ambizioni, meschinità e deviazioni... Sentì l'amarezza di procedimenti arbitrari, di provvedimenti durissimi, ingiuriosi, maligni, senza reagire, senza reclamare... lo si isolò dagli amici e come Gesù poté dire: "invano cercai chi mi consolasse...". Al loro posto vennero gli avversari, rincalzati dalla miserabile astiosità del mediocre che non soffre la superiorità della virtù, da potenti appoggi, i confratelli stessi divennero i suoi stessi tormentatori e colui che, conforme la tradizione cappuccinesca, gli era stato dato come bastone della sua vecchiaia, ne fu il traditore miserabile che spinse fino al sacrilegio il suo bacio proditorio...».

Non era certo Padre Pio uomo legato ai beni materiali. Seguendo la regola dell'ascetismo più intransigente egli viveva, si può dire, di «nulla». Era stato, quello delle offerte, un problema che si era posto molto presto, nella vita apostolica del frate: fin da quando cominciò a ricevere denaro nel 1919, e allora l'idea della Casa Sollievo era di là da venire. La prima cosa che fece fu di chiedere consiglio al suo padre spirituale per la destinazione di queste offerte, e la dimostrazione la troviamo in questa lettera del 14 giugno 1920.

Carissimo Padre,

Gesù sovrabbondi sempre più dei suoi favori e vi renda a Sé sempre più caro.

Avrei dovuto scrivervi assai prima per ringraziarvi di tutto ciò che avete fatto per me, specialmente durante l'ultima vostra permanenza qui fra noi, nonché per l'altro interessamento che vi siete preso nell'ultima mia infermità. Gesù, a cui assiduamente vi presento, ve ne rimuneri largamente.

I vostri avvisi, i vostri suggerimenti, nonché le vostre paterne riprensioni fattemi a viva voce per me sono tante leggi immutabili che mediante il divino aiuto mi vado adoperando di praticare. Mi rammarico che senza volerlo o senza avvertirlo, qualche volta mi accade di alzare la voce in ciò che riguarda la correzione. Conosco essere una debolezza riprovevole, ma come fare per poterlo evitare se mi accade senza accorgermene? Eppure prego e mi lamento con nostro Signore per questo, ma non ancora mi esaudisce a pieno. E, nonostante tutta la vigilanza che vi pongo in questo, qualche volta mi tocca fare quello che purtroppo io abborrisco e voglio evitare. Continuamente anche voi raccomandatemi alla Divina Pietà.

Adesso passo a chiedervi alcuni schiarimenti. Se venisse presentata a noi religiosi una somma qualsiasi da persona secolare, coll'espressa volontà di questa di adoperarla come meglio si giudica in coscienza per il suo maggior bene per la gloria di Dio e per il sollievo del prossimo, è contrario alla nostra regola se il religioso a cui è presentata detta offerta nei termini suddetti impiegasse tale offerta secondo quello che meglio crede e giudica in coscienza? È lecito a noi raccomandare a persone ricche le persone bisognose, affinché vengano soccorse nella loro indigenza? È lecito a noi se venisse una persona e ci desse un'offerta coll'espressa volontà di soccorrere persone povere, è lecito dico farlo? Vi prego di volermi rispondere in proposito.

Vi bacio la mano e vi chiedo la santa benedizione.

Il banchiere di Dio

Trenta anni dopo l'ingenua richiesta di chiarimenti da parte del frate, appare sulla scena il banchiere Giovanni Battista Giuffré, che, con il metodo del «presta e raddoppia», svolge una attività bancaria con altissimi tassi di interesse, dal quaranta al cento per cento, per finanziare – apparentemente – opere di carità in alcune zone dell'Italia settentrionale.

Ben presto il vortice dei milioni è talmente forte che il «banchiere di Dio» (come venne soprannominato dalla stampa quando scoppiò lo scandalo) non sa più dove ricorrere, ma qualcuno che ha approfittato delle sue elargizioni pensa che c'è sempre la possibilità di mettere le mani sulle somme che Padre Pio riceve per la sua Casa Sollievo della Sofferenza. Si tratta, naturalmente, di persone senza scrupoli, gente che aveva fatto orecchie da mercante – è proprio il caso di dirlo – ai molteplici inviti lanciati da più parti contro le iniziative del Giuffré. Lo stesso papa Pio XII, avvertito del giro d'affari del banchiere, in una lettera ai vescovi, rivolge un severo ammonimento «perché si astengano dal trattare rapporto con Giuffré».

Anche Padre Pio, venuto a conoscenza della manovra del banchiere, mette in guardia i suoi confratelli che «accettando di inserirsi nella speculazione, finiscono col rendersi colpevoli, violando non solo la legislazione civile, ma anche il diritto canonico e le Sacre Scritture».

Ma a niente valgono tutti gli avvertimenti. La speculazione continua e l'Anonima banchieri, nel 1958, raggiunge il dissesto più completo. In breve tempo le cose precipitano disseminando sbandamenti e rovine nelle regioni più esposte nel giro d'affari del Giuffré. Persone, enti, comunità religiose sono travolti dal crac finanziario del banchiere di Imola.

Ma, come scrive un caro amico del frate del Gargano, «il Padre il quale è sempre pronto a servirsi del materiale lucente, solido che tiene in serbo per ravvivare anime in dissesto o per porgere ossigeno a cuori che sono per cedere a disavventure improvvise, avverte nell'intimo il travaglio di molti, di tanti fatti in pezzi dal crollo di quell'anonima e si agita e si rattrista lui stesso». Ma lo rattristano di più le notizie che toccano l'Ordine francescano. Ad un certo momento si sparge la voce che pure la provincia monastica di Foggia versa in notevoli difficoltà in seguito al crac dell'anonima banchieri.

Purtroppo non è soltanto una voce. I religiosi della provincia di Foggia, che già avevano avuto notevoli prestiti da Padre Pio, chiedono ancora, per riparare i danni da loro causati per la loro partecipazione al maledetto affare

Giuffré. Ricorrono addirittura alla minaccia, all'imposizione per ottenere fondi. Alla fine riescono a ottenere, dagli amministratori della Casa Sollievo della Sofferenza, un prestito di quaranta milioni – ne è a conoscenza anche Padre Pio – che si impegnano a restituire in un breve tempo. Il desiderio di aiutare i confratelli che hanno sbagliato (ma forse, ancor di più, la sentita esigenza di evitare il discredito sull'Ordine al quale appartiene) costituisce la sola colpa del «santo del Gargano» che viene, per questa, messo sotto accusa e perseguitato. Si parla di irregolarità nella gestione della Casa Sollievo della Sofferenza, di speculatori che vivono all'ombra di Padre Pio.

La visita di mons. Maccari

È con la visita apostolica di monsignor Maccari, inviato dal Vaticano a San Giovanni Rotondo, che inizia il secondo calvario del frate. I giornali si impossessano della notizia e iniziano le speculazioni, i «si dice», le insinuazioni, le mezze verità. È il tempo della violazione epistolare: si controlla tutta la corrispondenza indirizzata al frate. Ci si impossessa delle lettere che arrivano da tutto il mondo al «santo del Gargano» senza alcun rispetto per lui e per i devoti che scrivono.

L'inviato del Vaticano, dopo una sosta a Foggia per un colloquio con il provinciale e a Manfredonia con l'arcivescovo, arriva a San Giovanni Rotondo quando il morale di Padre Pio è completamente a terra. Forse è la prima volta che si sente abbandonato da tutti e forse in questa occasione invoca «sorella nostra morte corporale».

Monsignor Maccari prende posto alla Casa Sollievo della Sofferenza per rendersi personalmente conto della realtà di questo grandioso ospedale e nello stesso tempo verificare l'attendibilità delle illazioni che da tempo circolano sull'uso del denaro che affluisce a San Giovanni Rotondo.

L'inviato del Vaticano avvicina tutto il clero locale parlando a lungo e cercando di capire anche le cose non dette. Quando a un frate del convento di Santa Maria delle Grazie pone una domanda non certo esaltante sulla vita di Padre Pio, questi reagisce violentemente, con rabbia, respingendo con sdegno e fermezza qualsiasi insinuazione sulla integerrima e adamantina vita dell'umile frate. E quando «l'inquisitore» tenta di sapere qualcosa sui presunti affari di San Giovanni Rotondo, il frate, sorridendo, esclama: «Ma gli affari vengono fatti anche sotto le finestre del Papa». Circa il fanatismo religioso che imperversa sul Gargano, poi, afferma che non c'è da meravigliarsi più di tanto perché ovunque c'è una presenza inquietante o misteriosa, esplode il contagio della folla.

Qualche sacerdote viene trasferito perché troppo entusiasta di Padre Pio mentre, al contrario, c'è qualcuno che si trasforma in detective improvvisato e nemmeno tanto autorizzato: come il segretario del visitatore apostolico, che frequenta bar, case private e mercati domandando e indagando per conoscere i presunti retroscena del fenomeno Padre Pio. Ma nessun elemento emerge da questa visita a San Giovanni Rotondo, né dalla corrispondenza sebbene vengano aperte tutte le lettere che giungono a centinaia nel locale ufficio postale. Finalmente, visto vano ogni tentativo di provare qualche accusa, monsignor Maccari decide di parlare personalmente con Padre Pio.

Quando si incontrano, l'atmosfera è piuttosto gelida, ma è lo stesso frate a rompere la tensione del momento esclamando: «Beati i carcerati, perché almeno sanno quanto tempo devono restare in carcere. Per loro c'è una sentenza, ma per me!». Non si è mai saputo con precisione che cosa si siano detti nel lungo colloquio di quella calda giornata di agosto del 1960, ma qualche tempo dopo, prima di rientrare a Roma, monsignor Maccari comunica ai frati del convento che Padre Pio non sarà trasferito in Spagna, smentendo quelle che chiama «illazioni giornalistiche».

Ricordo la gioia che provai nell'apprendere quella notizia. Io ero a San Giovanni, naturalmente, in ansiosa attesa delle decisioni legate alla missione del visitatore apostolico. Dopo aver annunciato la possibilità del trasferimento, infatti, cercavo di seguire l'evolversi degli avvenimenti per il mio giornale e per i lettori a cui mi sentivo particolarmente legato dopo aver loro annunciato il pericolo che correva Padre Pio. Ecco quanto scrissi in quell'occasione:

«Padre Pio non sarà trasferito né in Spagna, né in Vaticano: questa la dichiarazione fatta da monsignor Maccari ad un gruppo di fedeli che chiedevano ansiosi notizie circa questa voce riportata dai giornali. Il segretario generale del Vicariato di Roma ha assicurato i fedeli di San Giovanni Rotondo dicendo che Padre Pio continuerà ad attendere alle sue pratiche religiose senza essere disturbato da alcuno; ha precisato che la sua presenza a San Giovanni si giustifica oltre che in un normale giro che è solito fare nei centri di pellegrinaggi, anche in un controllo alla organizzazione della Casa Sollievo della Sofferenza, che, come è noto, rientra nella sfera amministrativa e finanziaria del Vaticano.

Come i lettori ricorderanno, la notizia della nuova atmosfera creatasi nel paesetto garganico venne pubblicata dal nostro giornale tempo fa. "Vogliono portar via Padre Pio", fu il titolo di quella corrispondenza, e questo allarme venne dato da una cancellata in ferro posta un bel mattino fra la nuova e la vecchia chiesa di Santa Maria delle Grazie. Si parlò di allontanamento, o meglio di siluramenti di padri guardiani e padri superiori, mentre allo stato attuale un solo padre guardiano e due cappuccini sono stati trasferiti senza precise motivazioni. La popolazione di San Giovarini Rotondo incominciò a preoccuparsi ancora di più quando si vide limitare l'accesso nella chiesa di Santa Maria delle Grazie. Difatti il portone della chiesa rimane chiuso per diverse ore al giorno. Tutte queste misure precauzionali hanno alimentato la fantasia di molti.

Se è vero che qualche speculazione avviene, occorre vedere in che maniera e in quali ambienti essa può attuarsi. Incominciamo col dire che a San Giovanni Rotondo giunge molto denaro dall'estero destinato a opere di beneficenza. Nel 1959 a Foggia fu celebrato un processo a carico di sette impiegati postali che si erano appropriati di denaro contenuto in buste dirette a Padre Pio. Già allora soffiò aria di scandalo; vennero ispettori dal ministero che dopo abili indagini assicurarono i disonesti alla giustizia. Ora ci chiediamo: che c'entra Padre Pio in queste losche faccende che turbinano ai margini di San Giovanni Rotondo?

Se una speculazione esiste nel paesetto garganico, essa è perpetrata da gente senza scrupoli che si serve del nome di Padre Pio per fini personali. È il caso di una decina di persone che inviano cartoline con la effige del frate dalle stimmate in tutto il mondo, e che si dicono disposte a ricevere gli ospiti per un colloquio diretto con Padre Pio o addirittura per una confessione dallo stesso. Moltissime persone abboccano e per questi servigi offerti inviano somme a volte eccezionali.

Intanto l'amministratore della Casa Sollievo della Sofferenza di San Giovanni Rotondo, in una dichiarazione diramata alla stampa, precisa alcune circostanze relative agli avvenimenti che hanno dato luogo alla "visita apostolica"; in particolare egli ha detto: "Posso assicurare che le offerte pervenute in qualsiasi modo alla casa sono sempre state registrate con la massima regolarità e amministrate scrupolosamente; gli onorari e gli stipendi sono stati regolarmente corrisposti, tanto io che i miei più vicini collaboratori, fedeli al mandato affidatoci da Padre Pio, non abbiamo mai tratto il minimo profitto personale di alcuna sorta. Anzi, il sottoscritto vi ha rimesso di persona sia di tempo e di fatica, che di denaro".

Il Battisti ha dichiarato di aver fatto queste precisazioni "soprattutto perché non si pensi che Padre Pio sia stato talmente ingenuo da concedere la sua fiducia a persone che non la meritavano"».

Il frate del Gargano non ha mai visto le ingenti somme che sono state a lui affidate per la sua opera pur essendo stato liberato, con un decreto papale, dal voto di povertà: come arrivavano, le offerte venivano consegnate agli amministratori della Casa Sollievo della Sofferenza.

Monsignor Maccari, dunque, non aveva trovato traccia di illeciti da parte del «santo del Gargano» – e come poteva essere diversamente? – ma questo non vuol dire che siano caduti tutti i sospetti. Al superiore del convento vengono comunicate alcune limitazioni imposte al frate dalle stimmate e così, nel periodo della rivoluzione di Giovanni XXIII con il Concilio ecumenico Vaticano II, Padre Pio conosce le gravi decisioni che vengono ufficializzate dal Sant'Uffizio il 31 gennaio 1961. La confessione subisce un mutamento per quanto riguarda il tempo e il turno dei fedeli. Anche la Messa deve essere celebrata in orari diversi. Padre Pio soffre in silenzio, obbedisce e continua la sua opera di apostolato tra le migliaia di fedeli che vengono da lui.

Emanuele Brunatto, lo stesso figlio spirituale che nel 1927 aveva collaborato a far cadere le accuse dell'arcivescovo di Manfredonia contro Padre Pio, prepara con alcuni fedelissimi un libro bianco che presenterà all'Onu in difesa del frate. La notizia suscita grande scalpore perché in questo libro sono racchiusi parecchi episodi inediti della vita di Padre Pio, e alcuni documenti in riproduzione fotografica che attestano inequivocabilmente le persecuzioni contro il frate, che appare in tutta la sua umiltà e innocenza. Intanto Padre Pio, che da molti anni non scrive più, in una profonda crisi di sconforto, indirizza una lettera al suo ex superiore padre Carmelo da Sessano del Molise. Ecco il testo:

San Giovanni Rotondo, 7 giugno 1961

Caro Padre,

il Signore sia con te e ti benedica nella tua opera. Ti chiedo di perdonare il mio scrivere, ma la mano non mi accompagna più. Che dirti della mia vita presente? Prego sempre la Madonna perché mi dia la forza di sopportare tutto ciò che accade vicino a me con grande forza d'animo. A volte, però, il mio spirito è depresso ed attribuisco ciò anche al mio stato di salute che non è florido. La tosse non mi lascia mai e l'asma mi toglie il respiro. È molto tempo che non vieni qui. Come va la tua oasi? Pregherò anch'io affinché il tuo lavoro sia coronato da successo, per dare così sollievo a tante anime delle tue parti. Prega anche per i miei ammalati e per me. Ti benedico

PADRE PIO

L'oasi di cui parla Padre Pio è una grossa costruzione portata avanti con coraggio dal suo ex superiore padre Carmelo da Sessano, che da anni, pietra su pietra, ha costruito in una zona povera e depressa del Molise e che servirà per ospitare ragazzi poveri, orfani, da avviare allo studio e poi a un mestiere. Padre Pio ci teneva tanto a questa oasi e in sua memoria, proprio nella piazza antistante alla costruzione, è sorto un monumento a lui dedicato.

Il 17 novembre 1961 la proprietà dei beni passa direttamente alla Chiesa. Ma questo non rappresenta certo un problema per Padre Pio. Lui stesso, infatti, nel 1957, aveva offerto al Papa la proprietà delle azioni di Casa Sollievo della Sofferenza. Quello che gli premeva era che l'ospedale funzionasse, che le offerte ricevute servissero a farlo funzionare sempre meglio. Altro interesse, da parte sua, non c'era e non poteva esserci.

14

LA DONAZIONE DI PADRE PIO

Che Padre Pio non fosse interessato personalmente al denaro che riceveva quotidianamente è persino superfluo specificarlo. Il suo unico interesse, al quale aveva dedicato l'intera vita, era fare del bene. Per questo motivo aveva voluto Casa Sollievo della Sofferenza, e per questo motivo si preoccupava affinché la sua Opera continuasse a funzionare perfettamente anche dopo la sua morte.

Pio XII lo aveva dispensato dal voto di povertà, proprio per consentirgli di amministrare il patrimonio di Casa Sollievo della Sofferenza. Ma Padre Pio aveva talmente a cuore la sua Opera, che nei primi mesi del 1957 scrisse una lettera al Papa in cui gli esprimeva la sua intenzione di donare tutto il patrimonio di Casa Sollievo alla Santa Sede. Eccone il testo:

Nel ricevere i clinici tra i più illustri del mondo, partecipanti al Symposium per le malattie delle coronarie in San Giovanni

Rotondo, la Vostra parola Apostolica ha definito così le finalità della Casa Sollievo della Sofferenza: «introdurre nella cura dei malati una concezione più profondamente umana e più soprannaturale, che ponga l'ammalato nelle condizioni ideali dal punto di vista materiale e morale, sicché questi sia aiutato a riconoscere, in coloro che lavorano alla sua guarigione, degli ausiliari di Dio, preoccupati di preparare la via all'intervento della grazia».

La gestione della Casa è condotta secondo due principi: *a)* gratuità per i non abbienti e moderato pagamento per gli abbienti; *b)* nessuna distinzione di classe tra i degenti.

La Casa Sollievo della Sofferenza ha avuto sino a oggi la configurazione giuridica di una società per azioni, secondo il diritto italiano; tale forma le è stata data alla nascita dell'Opera, in via transitoria e per il solo periodo della costruzione degli edifici.

Padre Santo, al fine di poter dare alla Casa Sollievo della Sofferenza un assetto corrispondente alle finalità cristiane indicate ai buoni, il sottoscritto Vi supplica umilmente di voler dare la Vostra sovrana sanzione ai seguenti sommessi propositi:

a) affidare la gestione della Casa Sollievo della Sofferenza alla congregazione del Terzo Ordine Francescano di Santa Maria delle Grazie di San Giovanni Rotondo (Foggia) che a tal fine gestirà secondo le norme proposte alle lettere *b* e *c*. (Tale Congregazione è stata eretta in forma organica dal Padre Generale, con il consenso dell'Ecc.mo Ordinario di

Manfredonia e ha avuto riconoscimento della sua personalità giuridica dal Presidente della Repubblica Italiana con decreto 20 giugno 1955);

b) per attuare la gestione secondo i fini indicati dal sottoscritto alle pie volontà degli oblatori e secondo il mandato affidatogli dalle medesime volontà, poter dirigere la medesima Congregazione in qualità di Direttore (carica che il proponente già possiede, per decreto del Padre Generale emesso in data 25 agosto 1954) e, per Vostro indulto Apostolico, mantenere tale ufficio di Direttore vita natural durante;

c) espletare i compiti della predetta gestione mediante l'Opera di Terziari assunti tra i membri del Terzo Ordine predetto, costituiti in comitati consultivi (sanitario, culturale, amministrativo), ferme restando per il Terzo Ordine le regole statutarie per altre attività che il medesimo Terzo Ordine svolgerà al di fuori della Casa Sollievo, in conformità agli scopi dichiarati nell'art. 2 degli Statuti;

d) sistemare la posizione del patrimonio immobiliare mediante deposito delle azioni presso l'Istituto delle Opere di Religione con conseguente intestazione e secondo le indicazioni riportate in un foglio allegato.

Infine, Vi supplico, Beatissimo Padre, perché alla mia morte codesta Sede Apostolica voglia accettare in donazione i beni dell'Opera Casa Sollievo della Sofferenza e, possibilmente, destinarli alla continuazione dell'opera stessa.

Ed ecco il testo del foglio allegato dove Padre Pio mostra la sua intenzione di affidare allo Ior (Istituto per le Opere di Religione) la proprietà di Casa Sollievo pur conservandone la gestione:

> Il Padre Pio da Pietrelcina chiede di poter depositare presso l'Istituto per le Opere di Religione, con conseguente intestazione, la quasi totalità delle azioni rappresentanti il patrimonio immobiliare della Società Casa Sollievo della Sofferenza.
>
> Al momento del deposito il patrimonio della predetta Società sarà costituito unicamente da beni immobili (senza passività), effettivamente adibiti ad opera religiosa e caritativa.
>
> Il bilancio della Società avrà forma estremamente semplice di Società immobiliare. Tale bilancio, preventivamente concordato con i competenti uffici fiscali, sarà quanto prima rimesso per un eventuale esame.
>
> La gestione alloggiata nei beni resta affidata, con regolare sistemazione di diritto e di fatto, ad altro Ente canonico eretto al riguardo.
>
> Il Padre Pio da Pietrelcina chiede che le azioni di cui trattasi siano depositate a credito di un conto da intestarsi a Padre Pio da Pietrelcina per Casa Sollievo della Sofferenza.
>
> Il Padre Pio potrà disporre di detto deposito con tutti i diritti ed in sua vece del medesimo deposito disporrà la Santa Sede.
>
> Il sottoscritto precisa poi che intende lasciare (con apposito e regolare atto di ultima volontà) alla Santa Sede i

valori che domanda di poter depositare e quanto altro fosse in deposito al tempo della sua morte o su altri accesi, anche posteriormente, sul conto in parola.

P. PIO DA PIETRELCINA

Ed ecco la risposta del Vaticano:

Reverendissimo Padre,

l'Augusto Pontefice ha accolto con particolare sollecitudine la devota supplica che lo zelo della Paternità Vostra Reverendissima ultimamente ha creduto bene di farGli pervenire.

Ella in tale supplica, nell'intento di dare alla Casa Sollievo della Sofferenza costì sorta sotto la Sua guida un assetto giuridico corrispondente agli scopi che ad essa presiedono, ha invocato dalla sovrana clemenza della Santità Sua i seguenti favori:

1) che la gestione della Casa Sollievo della Sofferenza fosse affidata alla Congregazione del Terz'Ordine Francescano di Santa Maria delle Grazie di San Giovanni Rotondo, debitamente eretta in persona giuridica;

2) che la Paternità Vostra potesse mantenere, vita natural durante, l'ufficio – che ora occupa – di Direttore dell'anzidetta Congregazione, e insieme giovarsi, per l'esercizio della gestione della Casa, dell'opera consultiva di persone esperte appartenenti al Terz'Ordine;

3) che le azioni rappresentanti il patrimonio immobiliare della Società Casa Sollievo della Sofferenza potessero essere depositate presso l'Istituto per le Opere di Religione.

Godo di essere in grado di partecipare alla Paternità Vostra che Sua Santità, tenuto conto della importanza del complesso ospedaliero di cui si tratta e della nobiltà dei fini a cui esso mira, si è benignamente compiaciuta di accordarLe i favori implorati.

Resta tuttavia inteso che le azioni da depositare presso l'Istituto per le Opere di Religione saranno intestate, a norma del Codice civile italiano, per la maggior parte al medesimo Istituto e per una minor parte ad altra persona giuridica che l'Istituto stimasse di suggerire.

Quanto invece ai valori e beni mobili destinati alla manutenzione del complesso immobiliare, Ella potrebbe costituirli in fondazione presso l'Istituto per le Opere di Religione, vincolandoli ai fini loro propri.

Circa poi la proprietà sia delle azioni che dei valori e beni mobili, non è consigliabile trasferirla alla Santa Sede. La Paternità Vostra potrebbe, se mai, attribuire alla Santa Sede facoltà di dettare disposizioni al riguardo ogniqualvolta lo reputasse necessario o conveniente.

Resta inoltre inteso che della gestione sopra riferita dovrà rendersi annualmente conto alla Santa Sede.

L'Augusto Pontefice, ben grato alla Paternità Vostra per le fervorose e assidue preghiere elevate per Lui al Cielo, invia con effusione di cuore a Lei, ai Suoi collaboratori, ai malati e a quanti prestano loro cristiana e amorevole assistenza l'implorata Benedizione Apostolica.

Profitto ben volentieri della circostanza per confermarmi con sensi di religioso ossequio della Paternità Vostra Rev.ma

Dev.mo nel Signore
ANGELO DELL'ACQUA
Sostituto

Questa la corrispondenza tra Padre Pio e il Vaticano nei primi mesi del 1957, quando lo scandalo Giuffré ancora non era esploso. Padre Pio affidava alla Santa Sede le proprietà di Casa Sollievo della Sofferenza. Come si è potuto, in seguito, sospettare che avesse fatto uso indebito del denaro affidatogli? Come, proprio in Vaticano, non certo per volontà del Papa, possono essere nate delle manovre contro di lui? È un altro dei misteri della vita del frate con le stimmate, che, chissà perché, ebbe, insieme ai tanti ammiratori, anche alcuni acerrimi nemici.

15

GLI AMICI DI PADRE PIO

Ma Padre Pio aveva soprattutto degli amici. Non mi riferisco, naturalmente, ai tantissimi devoti sparsi per il mondo, sui quali il carisma dell'uomo era talmente forte da spingerli a impostare sulla sua parola la propria vita spirituale e a partecipare alla sua carità inviando ingenti somme per la realizzazione delle sue opere di bene. Mi riferisco agli amici «importanti», a personalità della Chiesa stessa che evidentemente non prestavano fede a coloro che «denigravano» il «santo del Gargano». Lo stesso Giovanni XXIII, che, per ovvi motivi, pur dovette consentire l'indagine amministrativa di monsignor Maccari, nutriva sentimenti estremamente benevoli nei confronti di Padre Pio, come risulta evidente dalla lettera che il cardinale Tardini, sostituto della Segreteria di Stato di Sua Santità, gli scrisse il 27 gennaio 1959:

Reverendissimo Padre,

La profonda pietà che il Suo animo alimenta per la persona del Vicario di Gesù Cristo ha avuto una luminosa conferma nello scritto, con il quale Ella ultimamente ha offerto alla Santità Sua preziosi ragguagli circa il promettente sviluppo di codesta Casa Sollievo della Sofferenza.

Le buone e confortanti notizie intorno a una istituzione così cara al cuore della Paternità Vostra Reverendissima hanno incontrato lieta accoglienza e insieme viva soddisfazione nell'animo di Sua Santità.

Se infatti ogni opera generosa e ogni nobile intrapresa dei figli di Dio non può non consolare il Padre Comune, e non meritare quindi la Sua alta lode, ciò soprattutto si verifica in quelle opere in cui, come nella presente, si esercita e si diffonde lo spirito della carità evangelica.

Questa speciale lode desidera di attestare per mio mezzo a Vostra Paternità l'Augusto Pontefice, sicuro che la benefica pianta, spuntata nel campo del Signore per lo zelo infaticabile di un suo Ministro, progredendo con il saggio ritmo che la sua ordinata vita esige, darà una piccola gloria a Dio e raccoglierà copiosi manipoli di frutti soprannaturali fra le anime.

Con tale fiducioso auspicio, la Santità Sua di gran cuore invia alla Paternità Vostra, ai Suoi validi Collaboratori, ai Dirigenti e ai Sanitari, agli assistenti e in modo particolare agli infermi di codesta "Casa" l'implorata Benedizione Apostolica, propiziatrice della superna liberalità dell'Altissimo.

Mi valgo ben volentieri della circostanza per confermarmi con sensi di religioso ossequio della Paternità Vostra Rev.ma

Dev.mo nel Signore
D. CARD. TARDINI

L'anno successivo, nel pieno delle polemiche, quando si incominciava a ipotizzare un trasferimento di Padre Pio in Vaticano o, addirittura, in Spagna, con l'avvicinarsi del cinquantesimo anniversario dell'ordinazione sacerdotale, il cardinale Giovanni Battista Montini, arcivescovo di Milano e futuro papa Paolo VI, così scriveva al frate il 20 giugno 1960:

Veneratissimo Padre,

sento dire che la Paternità Vostra prossimamente celebrerà il cinquantesimo anniversario della Sua ordinazione sacerdotale; ed oso pertanto anch'io esprimerLe, nel Signore, le mie felicitazioni per le grazie immense a Lei conferite e da Lei dispensate. È proprio il caso di ripetere, con giubilo e con riconoscenza verso la bontà di Dio: «Venite, audite, et narrabo, omnes qui timetis Deum, quanta fecit animae meae»! Così merita d'essere celebrato il Sacerdozio. Che diremo poi del Suo, favorito di tanti doni e di tanta fecondità!

Esprimo insieme il voto che Cristo Signore abbia a vivere e a manifestarsi nella persona e nel ministero della Paternità

Vostra, come dice San Paolo: «vita Jesu manifestetur in carne nostra mortali».

So ch'Ella prega anche per me. Ne ho immenso bisogno; voglia raccomandare sempre al Signore questa diocesi col Suo dev.mo in Christo Jesu

G. B. CARD. MONTINI, ARCIV.

Si può facilmente supporre che gli auguri per l'anniversario, peraltro ancora così lontano (cadeva il 10 agosto), fossero soltanto un pretesto per far sapere a Padre Pio che lui non prendeva parte alla«congiura» in atto in quel periodo. A monsignor Giuseppe Del Ton, infatti, il cardinale Montini dirà: «Se Padre Pio non lo vogliono più a San Giovanni Rotondo, lo prendo con me. Potrà celebrare in Duomo, e la sua messa varrà per Milano più di una missione».

Pochi giorni dopo, il 2 luglio, anche l'arcivescovo Marco I. Castellano, assistente ecclesiastico generale dell'Azione Cattolica, faceva i suoi auguri a Padre Pio:

Reverendissimo Padre,

anche l'Azione Cattolica Italiana desidera avere un posto nel «memento» della Sua Messa Giubilare e farLe pervenire, a mio mezzo, i più fervidi rallegramenti e auguri.

Molti nostri soci e dirigenti hanno ricevuto grande conforto spirituale e novello impulso al loro apostolato dal Suo

Ministero Sacerdotale e costanti preghiere sono state da Lei elevate al Signore perché l'Azione Cattolica fiorisca sempre più e possa adempiere alla sua delicata nobilissima missione. Per tutto questo Le dico «grazie» e Le auguro di tutto cuore «ad multos annos».

Accolga, col mio personale ossequio, la più larga benedizione

Dev.mo MARCO I. CASTELLANO OP
Arcivescovo Tit. di Colossi
Assistente Eccl. Generale dell'Aci

Ed auguri giunsero anche dagli Stati Uniti, da parte dell'arcivescovo di Chicago:

Caro Padre Pio,

Con sentimenti di vera affezione spirituale, vorrei aggiungere i miei voti più fervidi di congratulazioni e di intima gioia alla solenne commemorazione del giubileo d'oro che Lei celebrerà questo 10 agosto.

Come ho scritto a padre Domenico, la mia Messa nel giorno 9 agosto sarà celebrata per le Sue intenzioni, specialmente in ringraziamento di tutte le grazie del Signore durante questi 50 anni. Ho spesso sentito nella mia vita come le visite che io avevo il privilegio di fare a San Giovanni m'hanno aiutato nel mio lavoro di Vescovo. Raccomando di nuovo le mie intenzioni alle Sue preghiere.

Invocando una specialissima benedizione su Lei e rinnovando di nuovo i miei più fervidi auguri, rimango

Affez.mo nel Nostro Signore
ALBERT CARDINAL MEYER
Arcivescovo di Chicago

Ma a parte gli auguri, non poteva mancare, in un periodo in cui i nemici di Padre Pio erano particolarmente attivi, l'intervento del cardinale Lercaro, che già in diverse occasioni aveva avuto modo di esprimere la sua devozione verso il frate dalle stimmate e la sua avversione verso coloro che tentavano di mettere in dubbio la cristallinità della sua opera:

> La Redenzione quaggiù non toglie la sofferenza, anzi la inquadra nel piano divino come una partecipazione alla croce di Cristo; nel Paradiso, sì, «non ci sarà più né dolore, né lutto, né pianto»; come non ci sarà più ombra di peccato.
>
> Ma già sulla terra la sofferenza è illuminata dalla speranza; è accompagnata dall'intima pace del cuore che accetta fiduciosa la volontà sempre buona di Dio; è confortata dalla certezza che il dolore non è una inutile e disperata avversità, ma, unito al Cuore del Signore, è espiazione, è purificazione, è strumento di santificazione personale e garanzia di amore al Signore, è forza irresistibile di implorazione.

Ma la sofferenza trova ancora, nello spirito di Gesù, il sollievo della carità; nel fratello sofferente Cristo è particolarmente presente e a Lui vanno le attenzioni commosse e il servizio generoso dei fratelli nell'impegno di sollevarlo dal peso della sua croce.

Così, se un paradiso terrestre quaggiù non potrà esservi mai, vi saranno tuttavia, per la redenzione operata da Cristo che nella Chiesa e per la Chiesa continua la sua missione, delle oasi benedette ove la sofferenza irradiata di speranza si incontra con la carità che è la virtù del Cielo... Tanto più vaste e frequenti queste oasi quanto più profondamente vissuta la dottrina e lo spirito di Gesù e della sua croce.

A San Giovanni Rotondo, nella luce del Redentore crocifisso, che il Padre misteriosamente ritrae in se stesso, una lunga costante nascosta pedagogia delle esigenze del Vangelo ha finalmente costruita, e poi ampliata e attrezzata una Casa per il sollievo della sofferenza; oasi meravigliosa, dove lo spirito cristiano permea tutte le risorse della scienza e della tecnica per arrivare col suo conforto non alle membra sole, ma agli spiriti e ai cuori. La luce della fede e la forza della grazia, che nell'ombra del confessionale hanno investito le anime, hanno volto la vita di tanti a nuovi sentieri e acceso ai tanti cuori il fuoco della carità...; e la carità «non agit perperam».

Così il Padre, dopo aver chiamato a penitenza innumerevoli anime, oggi, nel suo giubileo sacerdotale, si piega come Gesù ai sofferenti e ripete loro le parole divine: «Venite, voi tutti che siete affaticati ed oppressi e troverete ristoro alle vostre anime...». Nella grande casa, infatti, di San Giovanni Rotondo non c'è soltanto l'attrezzatura scientifica più moderna: c'è il Cuore e lo spirito di Gesù.

Bologna, 18 *luglio 1960, festa di* S. *Camillo de Lellis.*

GIACOMO CARD. LERCARO ARCIV.

Anche il mondo politico, in occasione del cinquantenario della prima Messa di Padre Pio, inviò i suoi messaggi di auguri con sinceri attestati di stima. Eccone alcuni:

«Le gesta nobili e magnifiche, dovute alla tua iniziativa fraterna e caritatevole di sollevare la gente sofferente sia moralmente che fisicamente, sono e rimarranno anche in futuro una testimonianza certa e significativa del potere della virtù cristiana per il bene del genere umano».

ANTONIO SEGNI
Presidente della Repubblica Italiana

«I miei migliori auguri per la Sua testimonianza come francescano, per le sofferenze che Lei sopporta per il bene di tutti, per la Sua sublime accettazione di sincera partecipazione alla Passione del Signore. Noi tutti speriamo che

Lei rimanga tra noi per richiamarci ad uno stile di vita più cristiano e più consistente, come benedizione perpetua di pace e di bontà divina».

OSCAR LUIGI SCALFARO

«Le azioni lodevoli di Padre Pio sono da ora conosciute in tutto il mondo. Sono conglobate non solo nella felice ispirazione del prodigioso Centro ospedaliero di San Giovanni Rotondo, ma anche nella gioia spirituale e nella rinascita della vita interiore provata da tutti coloro che hanno avuto la "fortuna" di incontrarlo e di esserne testimoni».

GUIDO GONELLA

«La grande creazione che è Casa Sollievo, ispirata da Padre Pio e costruita grazie ai suoi meriti, è senza dubbio uno dei più bei frutti del destino e della pietà sacerdotale. Le parole di Padre Pio, franche e ispirate, confortano giornalmente coloro che sopportano l'onere della responsabilità pubblica e privata, portano consolazione alle anime e rimettono "loro il destino"».

FERDINANDO TAMBRONI

«È un dovere assai piacevole di inviare i miei auguri al venerabile Padre, che con il suo lavoro e le sue preghiere afferma e sottolinea la presenza della Carità Francescana nel nostro mondo tormentato ed inquieto».

GIULIO ANDREOTTI

«Nella nostra era, in cui la carità sembra aver perduto il proprio valore agli occhi dell'umanità, Casa Sollievo e l'operato di Padre Pio sono un modello per l'individuo e per la comunità».

BENIGNO ZACCAGNINI

16

UNO SCONCERTANTE AMICO: EMANUELE BRUNATTO

Ho già citato, nelle pagine precedenti, Emanuele Brunatto, un fedelissimo di Padre Pio, sempre presente nella difesa della sua opera. È lui che nel 1927 collabora con monsignor Felice Bevilacqua nell'indagine che porterà alla deposizione dalla carica di arcivescovo di Manfredonia di monsignor Gagliardi, accanito quanto ingiusto accusatore del frate dalle stimmate. Ed è ancora lui che, nel 1960, accompagna monsignor Maccari per l'indagine sull'uso del denaro destinato a Casa Sollievo della Sofferenza. Ma chi era Emanuele Brunatto?

Lo si potrebbe definire un uomo bizzarro, una specie di fusione vivente di angelo e demonio. In gioventù in lui dominò senz'altro un genio del male: sfrenato viveur, ballerino del caffè concerto della Torino degli anni immediatamente precedenti la «Belle époque», sarto per signore, un quasi «scettico blu» in molte espressioni della sua vita; amante della buona tavola, si definiva «libertino e grande amatore».

Era nato nel 1892. A trent'anni, improvvisamente viene preso da una crisi mistica e saputo di Padre Pio decide di trasferirsi a San Giovanni Rotondo. Rimasto incantato dall'incontro con il frate dalle stimmate, diventa il suo più fedele seguace laico, tanto da sistemarsi definitivamente nel convento di San Giovanni Rotondo.

Nel 1923 la persecuzione verso Padre Pio tocca il vertice: dall'arcivescovado di Manfredonia si proibisce di accogliere in convento i fanatici e gli esaltati, quanti credono nella santità del frate, i suoi alfieri. I frati sono costretti a mettere alla porta Emanuele Brunatto, che strepita e protesta, che urla e non vuole lasciare il convento. Poco distante da esso vi è una specie di piccola capanna, serve da ricovero per delle galline. Emanuele Brunatto ha un'idea luminosa: «Questo non è il convento», dice, e vi entra provocando il fuggifuggi delle galline.

I frati, interdetti, chiamano lo stesso Padre Pio a vedere. Brunatto è in fondo al pollaio, corrucciato, rabbioso. Padre Pio ride, non ne può fare a meno tanto è comica la scena. «E mo' ti sei fatto frate pure tu, anzi "eremita"?», gli dice, ma non lo manda via.

Emanuele Brunatto vive per tre anni in quel pollaio, dividendo lo spazio con le incomode inquiline, in tutto tre metri per quattro. Esce di tanto in tanto dalla sua tana, ma per osservare quello che accade attorno a Padre Pio, felice delle rare visite del frate.

Attorno a Padre Pio, intanto, si scatena la valanga delle critiche, il cui centro è l'arcivescovado di Manfredonia. Sulla schiera dei preti che si scatenano, Brunatto riesce a raccogliere documentazione a non finire: corruzione, vendette, mariolerie; qualcosa di raccapricciante. L'esperienza della vita gli consente di capire al volo tutte le squallide vicende che riporta fedelmente in alcuni dossier, una specie di memoriale. Ed è anche grazie al suo lavoro che monsignor Bevilacqua arriva a concludere che le accuse di monsignor Gagliardi sono solo falsità.

Poi Brunatto scompare per dove non si sa. Parecchi in San Giovanni Rotondo ritengono che sia emigrato; si dice in Francia. Passano gli anni. Un giorno Padre Pio si vede recapitare un assegno di tre milioni e mezzo di franchi francesi, una cifra sbalorditiva a quel tempo: trecento milioni di lire. Chi, se non Brunatto, poteva averlo mandato? È suo, infatti. Emigrato in Francia, ha fatto fortuna: ha il controllo di una società che ha in mano le ferrovie francesi. Il viveur di Torino, il mistico del Gargano, ora è diventato un finanziere francese che non ha dimenticato Padre Pio e gli ha mandato quel regalo.

Ma in Emanuele Brunatto è risorto anche il vecchio libertino irrequieto. Rimane frugale solo per quanto riguarda la tavola, ma per il resto... ritorna alla vita allegra di un tempo. Questo non gli impedisce, però, quando Padre Pio viene sospettato di aver fatto un uso improprio del denaro ricevuto dai fedeli, di precipitarsi a San Giovanni Rotondo alla ricerca di prove che dimostrino l'assurdità di tale sospetto. E quando a Padre Pio viene tolta l'amministrazione di Casa Sollievo della Sofferenza, è lui che prepara un libro bianco in difesa del frate, da inviare anche alle Nazioni Unite. Ecco come, in una lettera del 29 ottobre 1960 indirizzata alla Segreteria di Stato del Vaticano, mostra il suo sdegno per le decisioni prese:

> Il 3 giugno 1941, per il tramite della Banque Italo-française de Crédit, sede di Parigi, accreditavo il conto «Comitato per la Costruzione della Clinica di San Giovanni Rotondo» presso il Credito Italiano di Firenze, della somma di franchi francesi 3.500.000, equivalenti a circa 300 milioni di lire in valuta attuale.
>
> Con questa donazione – la prima di tutte – a codesto Comitato – costituito per riceverla – nasceva l'opera di San Giovanni Rotondo. Ho quindi il diritto di occuparmene a titolo di fondatore.
>
> La finalità del Comitato e l'intenzione della mia offerta erano identiche: «Fare dono a Padre Pio da Pietrelcina di un'opera assistenziale nel luogo della sua residenza». E tale è stata l'intenzione delle offerte che seguirono. Ora, importa rilevare che nel caso mio, come in altri a me noti, si tratta di offerte riparatrici, sacre, inalienabili, rimesse al giudizio esclusivo di Padre Pio perché Egli le traduca in atti espiatori o meritori a mezzo della Casa Sollievo della Sofferenza.

E, pertanto, commetterebbe arbitrio, illegalità, immoralità o simonia, chicchessia, comunque costituito in dignità, pretendesse sostituirsi al mandato che i fondatori e donatori dell'opera hanno conferito al Padre Pio e a lui solo.

Queste evidenze sono state riconosciute dalle autorità cappuccine quando hanno lasciato al Padre Pio l'autonomia necessaria per costituire e dirigere l'opera. A sua volta, Pio XII di santa memoria ha consacrato questa autonomia liberando Padre Pio dal voto di povertà.

La decisione pontificale non era improvvisata. Nel 1956, ricevendo in udienza i cardiologi che avevano partecipato al Congresso di San Giovanni Rotondo, il Santo Padre dichiarava:

«La Casa Sollievo della Sofferenza, che apre ora i suoi battenti, è il frutto di una delle più alte intuizioni, di un ideale lungamente maturato e perfezionato a contatto con i più svariati e più crudeli aspetti della sofferenza morale e fisica dell'umanità».

A sua volta, S. Em. Rev.ma il Card. Lercaro, inaugurando, il 5 maggio 1956, la Casa Sollievo, concludeva il suo discorso in questi termini:

«Dove è Iddio, vi è carità e amore... Ve ne siete accorti a San Giovanni Rotondo? Sì, tutto il mondo se ne è accorto: qui c'è Dio; evidentemente ci doveva essere carità e amore. Adesso Padre Pio ve ne parlerà».

Infine, nel luglio 1959, S. Em. Rev.ma il Cardinale Tedeschini inaugurava la Chiesa della Vergine delle Grazie annessa all'opera di San Giovanni Rotondo e portava al

Padre Pio, ammalato, gli auguri e la benedizione di S. S. Giovanni XXIII.

Ma, appena un anno dopo, una Visita Apostolica veniva a rovesciare la posizione della Santa Sede, mettendo il Padre Pio sub-judice e l'amministrazione dell'Opera sotto inchiesta. Brutalmente, pubblicamente, come un partito preso. Non solo il Visitatore esponeva nei suoi frequenti discorsi i motivi e le finalità della sua inquisizione, ma ne pregiudicava i risultati lasciando intendere che la Santa Sede era decisa a cambiare le strutture della Casa Sollievo per eliminare i fiduciari di Padre Pio dalle cariche direttive... Il che equivarrebbe ad espropriare l'Opera, a violare le intenzioni dei fondatori e donatori, a rinnegare il diritto di proprietà utendi et abutendi riconosciuto al Padre Pio dalla Santa Sede e dalle leggi italiane. E tutto ciò, per provocare il fallimento della Casa Sollievo a cui nessuno darebbe più un soldo senza il Padre Pio!

Ma non basta. Fatto senza precedenti, il Visitatore Apostolico ha tenuto una conferenza stampa sulla sua Visita, a cui hanno fatto eco numerosi giornali italiani e stranieri. Le sue dichiarazioni sono state più o meno esattamente riportate o ampliate o deformate secondo le varie tendenze religiose dei corrispondenti. In ogni caso tutti hanno sfruttato la qualità ufficiale dell'Informatore e hanno preso atto dei dubbi espressi o insinuati da costui sulla capacità o sull'onestà dei fiduciari di Padre Pio e, quindi, sulla facoltà di giudizio del Padre stesso. E poiché non si può mancare di sano giudizio e al tempo stesso essere santo, certi giornalisti ne hanno dedotto che tutti i dubbi erano permessi sulla santità di Padre Pio e quindi sul carattere sovrannaturale delle sue stimmate e delle sue altre manifestazioni straordinarie. Alcuni giornali hanno logicamente concluso che si tratta di fenomeni morbosi o di simulazione delittuosa... di cui hanno esposto ai loro lettori i dettagli tecnici e la spiegazione «scientifica».

Come era facile da prevedere, questa diffamazione sistematizzata ha fatto in pochi giorni il giro del mondo coprendo di fango Padre Pio, i suoi collaboratori, la sua opera, l'ordine dei Cappuccini e, in fin dei conti, la Chiesa.

Al tempo stesso, codesta Segreteria di Stato dava istruzioni alla stampa cattolica di fare silenzio sul Padre Pio, confermando in tale modo – chi tace, consente – lo spirito se non la lettera della Conferenza ufficiale od ufficiosa del Visitatore Apostolico.

Il male è fatto ed è immenso. Cinquant'anni di testimonianza sacerdotale, di sofferenze fisiche e morali incessanti, di sangue versato (dieci volte il peso di un uomo!), di equilibrio, di amore e di intelligenza al servizio della Chiesa, di miracoli a migliaia e di conversioni innumerevoli... tutto è stato compromesso, avvilito, denaturato da un minus-habens che ha preteso di parlare a nome del Sovrano Pontefice (dichiarazione registrata) e che, in ogni caso, ha agito su ordine o con il consenso o con la tolleranza di certe autorità ecclesiastiche, di cui non ultima è codesta Segreteria.

Il male è fatto e bisogna ripararlo. Si tratta di sapere se lo ripareremo – come lo desidero di tutto cuore – in accordo con questa Segreteria di Stato oppure senza di Essa ed, ove occorra, malgrado Essa.

Affinché possa decidere in conoscenza di causa, metto a disposizione di questa Segreteria le bozze di un libro che definisce la Missione storica di Padre Pio nei rapporti con la Chiesa cattolica e sulla base di una documentazione irrefutabile ed unica al mondo.

Non domando nulla, ma apporto l'essenziale per giudicare Padre Pio e la sua Opera; non minaccio nessuno, ma sono pronto e deciso – e tutti i miei amici sono pronti e decisi – a far saltare questa cabala diabolica che dura da un terzo di secolo, se si tocca alla libertà di Padre Pio o se viene apportata la minima modificazione alle strutture della sua Opera, senza l'accordo suo e nostro.

In Immaculata Conceptione

E. BRUNATTO

Nonostante la strenua difesa di Emanuele Brunatto, Padre Pio subirà umiliazioni e restrizioni ancora per diverso tempo, e soltanto nel 1964 sarà definitivamente autorizzato a tornare a tutti i suoi uffici di sacerdote e di benefattore dell'umanità.

17

MARIA PYLE

Era una fredda giornata di ottobre del 1923 quando a San Giovanni Rotondo arrivò la corriera da Foggia: una vecchia carcassa che a stento ogni giorno percorreva quaranta chilometri in due ore, lungo una strada piena di ciottoli e di buche. Si fermò sulla piazza principale dove, come al solito, sostava un gruppetto di paesani curiosi di vedere i forestieri che venivano a conoscere Padre Pio, il frate dalle stimmate. Quel giorno, scese dalla corriera una bella donna, alta, bionda, e con un abito civettuolo, che in un italiano stentato domandò di Padre Pio. Un contadino si offrì di accompagnarla al convento. Quando vi giunsero, la donna rimase colpita dalla povertà della costruzione e dall'aspetto selvaggio della zona. Si guardò intorno ed entrò nella piccola chiesa, coprendosi la testa con un foulard variopinto. La chiesa era deserta: solo in un angolo sotto l'altare maggiore, era inginocchiato un frate che aveva le mani fasciate. La donna si avvicinò lentamente, emozionata, e lo chiamò: «Padre Pio, Padre Pio». Ma il frate non rispose e non si mosse; continuò a pregare, con gli occhi fissi al crocifisso. La sconosciuta si fece coraggio e con delicatezza cercò di scuoterlo. Padre Pio si voltò e con tono di rimprovero le disse: «Che cosa vuoi? Lasciami pregare in pace il Signore».

Questo fu il primo incontro di Maria Pyle con Padre Pio: un incontro che la colpì profondamente e che determinò il corso della sua vita. I modi burberi di Padre Pio, che nascondevano un'immensa bontà, conquistarono l'animo della straniera, che di lì a qualche giorno decise di abbandonare ogni suo avere e gli affetti più cari per dedicarsi al frate dalle stimmate, per vivere accanto al convento, alimentando il suo spirito con la preghiera.

Nata nel 1888 a New York in una ricchissima famiglia di industriali che fabbricavano sapone, Maria Pyle aveva sempre vissuto negli agi. Era una bella ragazza, molto corteggiata; un giorno si era innamorata sul serio, ma i suoi genitori non erano contenti dell'uomo che lei aveva prescelto. Così Maria Pyle fu mandata in Italia per «dimenticare». Era appena finita la prima guerra mondiale. La bella americana cominciò gli studi di pedagogia con Maria Montessori, ma la nostalgia del suo innamorato, che continuava a scriverle, la rendeva triste, il suo umore peggiorava di giorno in giorno.

Un giorno, confidandosi con un'amica, seppe dell'esistenza dell'umile fraticello con le stimmate, che consolava gli afflitti e, si diceva, operava anche miracoli. L'infelice americana prese subito la decisione di recarsi a San Giovanni Rotondo per confessarsi da lui, ma, da quando vide per la prima volta Padre Pio in chiesa, intento a pregare, molti giorni dovettero passare prima che potesse riuscirci. Padre Pio la cacciò ripetutamente in malo modo, rifiutandole l'assoluzione e costringendola a rimanere ancora a San Giovanni Rotondo. Il frate intuiva che la venuta della straniera era conseguenza di uno stato d'animo particolare, e che bisognava scuoterla dal suo torpore spirituale. Fu proprio il rifiuto dell'assoluzione a turbare l'anima di Maria e ad avvicinarla sempre di più al frate, che alla fine la confessò.

Il giorno dopo aver ricevuto la comunione, Maria si incontrò con Padre Pio:

– Perché hai lasciato l'America, per vedere in Italia le distruzioni della guerra? – disse il frate guardandola fissa negli occhi. Maria rispose:

– Sono venuta in Italia per studiare.

– E per dimenticare – aggiunse il frate con malizia.

– Sì, Padre, anche per questo, ma da quando sono a San Giovanni Rotondo non desidero più ritornare in America. Voglio restare qui, accanto a lei, imparare a pregare il Signore.

Da allora ogni mattina alle quattro, Maria saliva a passo svelto verso il convento, lungo un sentiero polveroso, per ascoltare la Messa e ricevere la comunione da Padre Pio.

Avendo preso la decisione di non tornare più a casa, la ragazza informò i genitori con una lunga lettera nella quale, tra l'altro, diceva: «Miei cari genitori, ora sono veramente felice. Ho scoperto, stando in questo sperduto ma incantevole paesetto pugliese, che c'è un'altra vita che vale la pena di vivere senza affanni e preoccupazioni. Ho scoperto che, più che la carne, deve essere alimentato lo spirito, e niente lo alimenta più della preghiera. Vive qui, dentro un freddo e piccolo monastero, un emulo del Poverello di Assisi; si chiama Padre Pio e ha le mani e i piedi trafitti dalle stimmate. Ogni mattina celebra la Messa prima dell'alba, quando i contadini si avviano al lavoro nei campi. Tutta la sua vita quotidiana è un esempio di umiltà e dedizione al Signore. Disdegna i beni terreni, considerando bene supremo solo l'amore per Cristo. Mi sembra di esser sempre vissuta qui, tra questa gente mite; mi sembra di essere nata qui. Soltanto la nostalgia per voi mi prende il cuore, ma io prego sempre per voi. Delle cose che mi appartengono non so che farmene; solo, vorrei aiutare chi soffre, chi ha fame, chi è ignudo».

Disperati, i genitori di Maria si precipitarono in Italia e cercarono di convincere la figlia a ritornare negli Stati Uniti. Ma ogni tentativo riuscì vano: il padre e la madre della ragazza tornarono in America delusi e decisi a non inviarle più denaro. La figlia del «re del sapone» di New York, quindi, si ridusse a vivere quasi di elemosina, pur di stare vicina a Padre Pio. I problemi, però, furono presto superati: dagli Stati Uniti cominciarono a pervenire aiuti di ogni genere, e anche i suoi genitori, alla fine, presero l'abitudine di mandare una certa rendita dell'attività familiare, che poi veniva elargita da Maria a chi ne aveva bisogno.

Un giorno Padre Pio disse alla benefattrice americana: «C'è il vecchio organo della nostra chiesa che avrebbe bisogno di un nuovo organista; te la senti di suonare?». Lei, felicemente sorpresa, rispose: «Non sono un'artista, padre, ma sono contenta di imparare a suonare l'organo per servire ancora di più il Signore». Fu così che Maria divenne organista di Padre Pio.

Pur avendo ormai grandi possibilità finanziarie, viveva in povertà, devolvendo i suoi averi in opere di bene. Si debbono a lei la costruzione del convento, nel cui studentato sono ospitati circa novanta giovani frati e i primi aiuti per la costruzione della Casa Sollievo della Sofferenza. Era stata una delle prime persone a venire a conoscenza del desiderio di Padre Pio un giorno che, guardando la nuda collinetta che si ergeva di fronte al convento, le aveva detto: «Vorrei che su quelle rocce sorgesse, con la bontà di tutti, un ospedale per i poveri; per quelli che soffrono nella carne e non hanno la possibilità di alleviare le loro pene». E Maria rispose: «Padre, basta che lei lo voglia».

In seguito, per essere più vicina al convento e al luogo dove sarebbe sorto l'ospedale, Maria si fece costruire una villetta nei pressi, dove fu sempre felice di ospitare i fedeli che venivano da ogni parte del mondo a rendere visita al frate dalle stimmate. I suoi ospiti più graditi furono certamente «zì Giuseppa» e «zì Orazio», i genitori di Padre Pio, che erano arrivati a San Giovanni Rotondo nel 1928 e che venivano amorosamente assistiti da lei. Sono morti tutti e due tra le braccia dell'«americanina», che fino all'ultimo istante ha cercato di confortarli e di alleviare le loro pene.

Lei se ne è andata alcuni mesi prima di Padre Pio, nel maggio del 1968. C'erano tutti i frati del convento di Santa Maria delle Grazie ai suoi funerali. Mancava soltanto Padre Pio. Mentre, nella chiesa attigua al convento i frati circondavano l'umile bara, ascoltando commossi l'elogio funebre di padre Carmelo, guardiano del convento, Padre Pio, solo nella sua cella, era raccolto in preghiera. Quando un frate gli aveva comunicato che Maria Pyle, colta da un attacco di trombosi cerebrale, era caduta in coma, Padre Pio aveva manifestato un doloroso stupore, ma non aveva voluto andare a vederla. «Pregherò il Signore che l'accolga in Paradiso con gli angeli», aveva risposto e, dopo qualche attimo aggiunse: «Finalmente potrà ascoltare le melodie celesti senza suonare».

Aveva incontrato Maria due giorni prima che morisse. La donna, stanca e con i capelli bianchi, aveva per l'ultima volta ricevuto la comunione, nella chiesa nuova del convento. Poi si era inginocchiata dinanzi a Padre Pio baciandogli la mano, così come in quel lontano giorno del 1923, quando ricevendo l'assoluzione aveva scelto la sua vita e la sua morte.

18

LA SCOMPARSA DELL'«INGEGNERE DI FATTO»

Al contrario di Maria Pyle, che al momento della sua morte aveva avuto accanto i frati del convento di Santa Maria delle Grazie di San Giovanni Rotondo e le preghiere di Padre Pio, Angelo Lupi è morto, nel 1969, dimenticato da tutti. Chi era? L'«ingegnere di fatto» di Casa Sollievo della Sofferenza, ovvero l'umile geometra al quale Padre Pio aveva affidato il compito di costruire l'ospedale.

Dimenticato da tutti lo era già da tempo. Tanto dimenticato che quando Padre Pio morì, gli fu vietato di salire nella sua cella. E quando i giornalisti di tutto il mondo si riversarono nel piccolo paesetto garganico a scrutare nella vita e nelle opere di Padre Pio appena scomparso, nessuno si ricordò di Angelo Lupi, l'uomo che il «santo del Gargano» chiamava ingegnere e che era stato il suo «braccio» nella costruzione del grandioso ospedale.

È morto da solo, nel suo paese natio, vicino a Pescara, con il rosario fra le mani e sul comodino una grande foto di Padre Pio sorridente. L'uomo che aveva lottato contro gli ingegneri veri e i tecnici per mettere pietra su pietra l'opera che ha rappresentato il punto focale della vita di Padre Pio, che ha subito avversioni da quelli che erano increduli sulle sue capacità di costruttore è morto con il grande desiderio di visitare per l'ultima volta la tomba di Padre Pio. Qualche giorno prima di morire, rivolgendosi ad un suo familiare, disse: «Vorrei vedere per l'ultima volta San Giovanni Rotondo e salutare Padre Pio sulla sua tomba...», mentre gli occhi gli si riempivano di lacrime. Forse ricordava quella lontana sera in cui Padre Pio, chiamatolo nella sua cella, gli confidò l'idea di realizzare su una collina brulla un grande ospedale per i poveri pregandolo di occuparsi lui stesso della costruzione. Quella sera Angelo Lupi diventò «ingegnere di fatto». Con intelligenza, con perizia e soprattutto con fede, iniziò a costruire l'opera che doveva suscitare l'ammirazione del mondo intero e lo stupore degli ingegneri veri, quelli con tanto di laurea e titoli accademici.

19

LA LUNGA GIORNATA DI PADRE PIO

La giornata di Padre Pio era sempre la stessa: in costante comunione con il Signore attraverso la preghiera. Aveva inizio alle due e trenta, quando ancora le ombre della notte coprono uomini e cose; d'estate come d'inverno, senza alcuna preoccupazione per la temperatura esterna che pure era eguale a quella della piccola e misera cella. Quando un giorno decisero di installare nella cella del frate stigmatizzato un termosifone per mitigare l'ambiente che d'inverno diventava gelido, questi si oppose con tutte le sue forze, riuscendo a bloccare ogni inizio di lavoro.

Appena levato dal letto, o meglio dalla misera brandina, Padre Pio si raccoglieva in preghiera, preparandosi a celebrare la santa Messa che aveva inizio puntualmente alle cinque. Di solito, per suo espresso desiderio, la Messa veniva celebrata all'aperto – fino a quando le condizioni del tempo lo permettevano – anche per dare modo ai contadini del luogo che si recavano al lavoro all'alba di assistere alla funzione religiosa.

Teneva molto ai contadini, e forse non poteva essere diversamente visto che la sua origine era proprio quella. «Oh, quanto amo i contadini», esclamò una volta, «quanto mi sento simile ad essi e quanto vorrei che il sudore che versano nelle aride zolle si tramutasse in benedizioni di nostro Signore!». Amava i «cafoni», come li chiamano nel beneventano, ed era felice di celebrare per essi il sacrificio della Messa, sul far dell'alba.

In verità, sin da quando era a Pietrelcina, giovane frate, i contadini non erano altrettanto felici delle sue attenzioni, perché la Messa di Padre Pio era lunga, interminabile. Durava oltre un'ora e loro avevano premura di raggiungere i campi prima del sorgere del sole. Ma se all'inizio mugugnavano, lentamente finirono per partecipare in molti al santo rito con una gioia che li rendeva più sereni nell'affrontare il duro lavoro dei campi.

Io ho assistito tante volte alla Messa di Padre Pio. Ho cercato di scrutare ogni suo gesto, ogni suo sguardo, ma nello stesso tempo ero affascinato da tutto lo svolgimento del rito. Ricordo che l'elevazione dell'ostia era il momento più bello e più commovente. I minuti si sommavano ai minuti, nel silenzio più profondo, più mistico, mentre il frate sollevava in alto il bianco pane di Cristo. E rimaneva così, le braccia sollevate verso l'alto, quasi imploranti grazie, gli occhi fissi sull'ostia che splendeva ancora di più fra le mani avvolte dagli scuri guanti di lana. Il volto di Padre Pio si illuminava man mano che il tempo passava, gli occhi si spalancavano sempre più diventando lucidi, come pieni di lacrime, mentre le sue labbra erano frementi di preghiere. Padre Pio era quasi in estasi: sembrava che parlasse con l'ostia tale era l'intensità del suo sguardo, la tensione del volto, il tremore del suo corpo. Solo in questi rari momenti, all'elevazione dell'ostia, era possibile guardare gli occhi di Padre Pio, altrimenti non si reggeva il suo sguardo. Una volta ho cronometrato il tempo che durava l'elevazione della Messa di Padre Pio: esattamente venti minuti. Ma nonostante fosse la più lunga Messa del mondo, alla fine i fedeli rimanevano ancora fermi al loro posto per altre ore ancora, tale era la suggestione ricevuta.

Anche papa Giovanni Paolo II ha parlato della Messa di Padre Pio, il 23 maggio 1987, nel santuario di Santa Maria delle Grazie a San Giovanni Rotondo, in occasione della visita fatta per il centenario della sua nascita. «Chi non ricorda», ha detto il Papa, «il fervore col quale Padre Pio riviveva, nella Messa, la passione di Cristo? Da qui la stima che egli aveva per la Messa, da lui chiamata "un mistero tremendo" come momento decisivo della salvezza e della santificazione dell'uomo mediante la partecipazione alle sofferenze stesse del Crocifisso. La Messa fu per Padre Pio la "fonte e il culmine", il perno ed il centro di tutta la sua vita e di tutta la sua opera. Questa intima e amorosa partecipazione al Sacrificio di Cristo fu per lui l'origine della dedizione e disponibilità nei confronti delle anime, di quelle soprattutto impigliate nei lacci del peccato e nelle angustie della miseria umana».

Quale migliore e più autorevole commento alla lunga Messa di Padre Pio che ha tenuto inchiodati con le ginocchia a terra migliaia e migliaia di fedeli giunti da ogni parte del mondo per assistere al più sublime mistero della nostra religione?

Ma ritorniamo alla sua giornata. Terminata la Messa, il frate del Gargano rientrava nella sua cella dove beveva un caffè. Alle sei, poi, si chiudeva nel suo confessionale per accogliere i peccatori e donare loro il perdono di Dio.

A mezzogiorno in punto il frate dalle stimmate recitava l'*Angelus* con i suoi fedeli ed impartiva la benedizione. Subito dopo, veniva accompagnato nel refettorio comune ed occupava il suo posto che era, entrando, sulla sinistra. Il pranzo di Padre Pio consisteva in una cucchiaiata di brodo o passato di verdura e in un mezzo bicchiere di vino. Ai confratelli che insistevano per farlo mangiare, rispondeva: «Ma io sono sazio, sento lo stomaco pieno», tanto che loro, scherzando, dicevano: «Padre Pio si pasce d'aria...».

Nel 1965 fu ospite del convento il cardinale Bacci, inviato dal Vaticano per rendersi conto della vita che conduceva Padre Pio. Nel refettorio, il cardinale, notando che il frate non toccava cibo, con aria di dolce rimprovero, disse:

– Padre Pio, perché non mangia come noi?

E il frate del Gargano con fare sottomesso:

– Eminenza, non ho appetito!

Il cardinale incalzò:

– Per obbedienza e per regola monastica lei deve mangiare qualcosa!

A queste parole Padre Pio abbassò gli occhi, prese la forchetta e portandola alla bocca e rimettendola subito dopo nel piatto, fece finta di mangiare. Il cardinale, che non aveva perso di vista il frate, sorridendo gli disse:

– Ma, Padre Pio, lei mi prende in giro, fa finta di mangiare!

E Padre Pio:

– Eminenza, mi perdoni, ma ho lo stomaco pieno!

– E va bene, per questa volta la perdono... – rispose bonariamente l'illustre ospite.

Neanche un principe della Chiesa era riuscito a fargli cambiare abitudine.

Non una volta è stato goloso, non una volta ha fatto onore al pasto del convento! Soltanto la tazza di caffè mattutina, che serviva anche a sostenere il suo cuore, costituiva l'unica eccezione al rigido digiuno e quasi l'unico suo cibo. Nemmeno i medici curanti hanno potuto spiegare scientificamente la «sopravvivenza» del frate senza alimento alcuno. Diceva di sé, Padre Pio: «Il soddisfare alle necessità della vita come il mangiare, il bere, il dormire, mi riescono di tanto tormento che non saprei trovare paragone se non nelle pene che dovettero esperimentare i nostri martiri nell'atto della suprema prova.

Non crediate che vi sia in questa similitudine dell'esagerato. No! È proprio così!».

Dopo il «finto pasto», Padre Pio tornava nella sua cella a pregare. Verso le quindici scendeva in chiesa per confessare nuovamente, fino alle diciassette, quando si concedeva un po' di riposo; d'estate nel cortile del convento, d'inverno sulla veranda. Si intratteneva con gli altri frati e riceveva qualche fedele. Il periodo di relax durava mezz'ora, poi si interessava della Casa Sollievo della Sofferenza, parlando con i medici, i dirigenti, gli amministratori. Di nuovo nella cella, prima per recitare altri rosari alla Madonna, poi, alle sette, per affacciarsi alla piccola finestra e impartire la benedizione ai fedeli che ogni giorno si raccoglievano numerosi sotto di essa. Alla sera, dopo aver cenato alle ore 20, si ritirava in cella a pregare fino a quando i suoi occhi si chiudevano e le sue labbra si fermavano a una delle centinaia di «Ave Maria» che soleva recitare per ore e ore.

Questa la giornata di Padre Pio, sempre uguale l'una all'altra, sempre piena di preghiera, di sofferenze, di rinunce, di parole di conforto per quelli che soffrono, di sorrisi per quelli che gioiscono nel nome di Dio.

20

I GARBATI RIMPROVERI

Ho scritto tanto su Padre Pio, ma quando dovevo occuparmi delle sue malattie, o delle incomprensioni circa la sua persona, allora lo facevo con tanta ansia e amarezza. Per me era un dovere professionale, ma lo vivevo come un dovere religioso, perché desideravo tenere desta l'attenzione su di lui, e informare i tanti suoi amici sparsi per la penisola. Ma l'aver scritto quegli articoli mi procurò talvolta il suo affettuoso rimprovero. Ricordo un incontro avuto nei primi giorni del 1966.

Mentre varcavo la soglia del convento avevo già l'animo inquieto. Non per il rimprovero, naturalmente, dato che non potevo certo prevederlo, bensì perché ero in compagnia del fotografo Lo Muzio, di Foggia, e l'intenzione era non solo di intervistare il «santo del Gargano», ma anche di fotografarlo in più pose. E sapevo bene che lui non amava farsi intervistare e tanto meno farsi fotografare.

Lo vidi appena entrato nel convento, di sfuggita, ma ebbi subito modo di osservare il suo stato di affaticamento: ogni passo era uno sforzo, ogni stretta di mano una fitta di dolore, una contrazione del volto. Padre Pio appariva decisamente invecchiato, pur considerando che era di venerdì, il giorno in cui si ripetevano da anni le sofferenze causate dalle stimmate. Quelle piaghe, infatti, sanguinavano di più in quel giorno della settimana, quasi a rinnovare il dolore del Cristo nel giorno della sua passione.

«Vorrei soffrire ancora di più, vorrei che il Signore mi desse la gioia di sentire il dolore in ogni istante della mia vita», ripeteva il frate dalle stimmate ai confratelli che a braccia lo accompagnavano sull'altare a celebrare la Messa e che cercavano di evitargli ogni minima fatica. Ma Padre Pio non desiste, non si arrende, sembra deciso a sfidare i medici, l'età, la sua salute malferma pur di essere fedele il più possibile al suo impegno di preghiera e di ascolto. Avrebbe voluto celebrare ogni giorno la Messa, prima dell'alba, e avrebbe voluto non curarsi del tempo, come aveva fatto per tanti anni: piova, nevichi o splenda il sole, non importa, il Signore bisogna servirlo sempre, non ci sono ostacoli per la preghiera.

Ma ormai non era più così. Anche il rito della Messa aveva perso la sua frequenza. Due frati lo accompagnavano all'altare, sorreggendolo e, a volte, quasi sollevandolo di peso; ed egli soffriva di questa limitazione. Una mattina che lo avevano visto piangere sommessamente nella sua cella, mentre con le dita scorreva la corona del rosario, gli avevano chiesto: «Padre Pio, perché piangete?». E lui, singhiozzando: «Non mi fate più servire il Signore».

La preghiera, però, restava il suo pane quotidiano, l'alimento continuo. Anche durante il breve percorso che compiva dalla sua cella all'altare, o lungo la balaustra del coro della chiesa attigua al convento, Padre Pio pregava sommessamente. Le sue labbra non stavano mai ferme. Eppure aveva tanto tempo per pregare, tutte le ore della notte, in quanto da molti anni, praticamente, non si coricava su un letto. Dopo la cena, il frate si ritirava nella sua cella e si sedeva al centro del letto, appoggiandosi con la schiena al muro. Era questo il suo riposo. Rimaneva così per qualche ora, fino a quando le palpebre si chiudevano per l'enorme stanchezza accumulata durante il giorno, per riaprirsi però dopo breve tempo. E questo era il suo sonno.

21

LE LOTTE COL DIAVOLO E CON I GIORNALISTI

C'era voluta tutta la buona volontà dei confratelli a lui vicini e tutta l'affettuosa insistenza del superiore per convincerlo finalmente a mettersi un cuscino tra la schiena e il muro. Padre Pio rigettava le pur minime comodità, ma non voleva più restare solo. Ogni sera lo accompagnavano alla sua cella due o tre frati che recitavano con lui tanti rosari fino a quando la voce gli si spegneva lentamente e gli occhi gli si chiudevano. A quel punto, era lasciato solo, la testa reclinata, le mani strette alla corona del rosario. Perché Padre Pio aveva paura di restare solo? Perché aveva paura delle tenebre? Un frate ci confidò che per diverse notti si era sentito un fracasso assordante nella cella di Padre Pio. Gli altri religiosi, subito accorsi, avevano trovato un incredibile disordine nelle suppellettili, e il frate provato dall'emozione: tutti i segni di una lotta impari, di una strenua resistenza contro un intruso invisibile. Forse per questo Padre Pio aveva paura di restare solo: non per debolezza, o per timore di essere sopraffatto, ma solo perché si sentiva tanto stanco. Qualche tempo prima del nostro incontro, in novembre, aveva detto al superiore:

– Quando mi farete morire?

E il suo confratello: – Ma che dite? Abbiamo ancora tanto bisogno della vostra presenza, delle vostre preghiere.

E Padre Pio: – Tutti possono pregare il Signore. Tutti possiamo essere salvi. Basta aver fede.

Queste cose erano l'argomento di conversazione con i miei amici frati, mentre aspettavo che arrivasse il momento dell'incontro richiesto. E alcune di queste considerazioni mi fecero molto male. Mi piangeva il cuore nell'apprendere che Padre Pio era ormai tanto invecchiato. Finalmente arrivò il momento dell'incontro. Non appena entrai nella sua cella, ebbi la conferma alla mia prima impressione e ai racconti dall'anticamera. Padre Pio appariva affaticato e invecchiato. Soltanto gli occhi conservavano quella mobilità e lucentezza che costringevano chiunque ad abbassare lo sguardo e a chinare il capo. Il «santo del Gargano» era davanti alla piccola finestra che dà sull'orto del cortile del convento. Aveva tra le mani una coroncina nera del rosario. Ci guardò con stupore e poi si rivolse al frate che ci accompagnava:

– Che vogliono questi da me?

– Padre, – disse il frate – sono nostri amici venuti da Roma per salutarvi.

– Come si chiamano? – incalzò Padre Pio.

Il frate gli ricordò che già molte volte eravamo stati da lui. Mi feci avanti per baciargli la mano e dissi:

– Padre, innanzi tutto vorrei la vostra benedizione.

– Benedico te e tutta la tua famiglia – disse segnandomi la fronte con il segno della croce. E subito dopo:

– Che fai tu?

– Il giornalista, padre.

– E di che scrivi?

– Di ciò che accade attorno a me, Padre, ma vorrei particolarmente scrivere di voi.

– Di me? e che scriveresti di me?

– Della vostra vita, delle vostre sofferenze, del bene che fate all'umanità, delle vostre azioni miracolose.

– Miracoli, eh? Miracoli... Ma che dici, che dici? Io non faccio miracoli, io prego soltanto.

La voce di Padre Pio si fece aspra, quasi di rimprovero per averlo paragonato ad un santo.

– Ma se tutti vi chiamano il «santo del Gargano!» – dissi.

E Padre Pio, con sguardo severo:

– Guagliò, i santi stanno solo in Paradiso.

– Padre, vi ricordate di me ora?

– Sì che mi ricordo, tu sei quello che ogni tanto mi fa morire, scrivendolo sui giornali.

– Per carità, padre. Vengo a San Giovanni per informarmi sul vostro stato di salute...

– E scrivere sciocchezze – mi interruppe, e sembrava quasi indignato.

– No, Padre. Cerco di fare il mio mestiere onestamente – trovai il coraggio di rispondere.

– Bel mestiere, dire i fatti degli altri – disse, ma il tono era già più dolce.

– L'ultima volta che sono venuto da voi, padre, non ho potuto incontrarvi perché eravate a letto ammalato. Come vi sentite adesso?

– Meglio, meglio, e non preoccuparti tanto della mia salute, perché arriverà il giorno che mi porteranno a celebrare la Messa sulla sedia – rispose con malizia, poi si alzò e uscì dalla cella, lasciandosi sorreggere.

Il fotografo Lo Muzio scattò qualche fotografia, e Padre Pio reagì subito seccato:

– Che stai giostrando, tu?

– Padre, vorremmo avere qualche vostra fotografia – intervenni io.

– E va bene, sia fatta la volontà di Dio – rispose tirando un lungo sospiro.

Poi ci porse la mano per farcela baciare e congedarci, ma noi esitammo. E Padre Pio:

– E mo' che volete? Vi ho benedetto, vi ho lasciato fare la fotografia con quell'aggeggio, perché non ve ne andate?

– Padre Pio, diteci qualche pensiero per i nostri lettori – chiesi quasi implorando.

– E che vi posso dire io? Pregate e fate del bene a chi soffre. Pregate per la pace nel mondo; pregate sempre e ascoltate la santa Messa. Specialmente voi giovani, dovete stare più vicino al Signore.

– Ma noi giovani, non tutti sappiamo pregare come si pregava una volta. Abbiamo piuttosto bisogno delle vostre preghiere.

– Che dici, che dici? Solo i giovani hanno bisogno di preghiere? E noi vecchi?

Poi rivolgendosi al fotografo, che ogni tanto continuava a scattare qualche foto:

– Be', tu hai finito di giostrare con quell'aggeggio?

Lo Muzio, facendosi innanzi e baciandogli la mano, mormorò qualche parola di spiegazione, ma Padre Pio tagliò corto:

– E vuoi vivere facendo le fotografie a me?

Riuscii a porgli un'altra domanda:

– Perché la vostra Messa dura tanto tempo? E alla elevazione dell'ostia, perché restate immobile a fissarla per oltre un quarto d'ora?

Il frate che ci aveva accompagnati fece un gesto di disapprovazione, fissandomi in malo modo, ma Padre Pio, dopo un attimo di silenzio, esclamò:

– Eh, guagliò, quante ne vuo' sapè mò (Eh, ragazzo, quanto ne vuoi sapere adesso). Forse per pregare il Signore c'è un tempo determinato?

Infine, al momento di accomiatarci, chiesi ancora:

– Padre, ma ora siete davvero libero?

– Su questa terra nessuno è libero – rispose quasi sillabando, e intanto si allontanava da noi, col capo chino.

22

I GRUPPI DI PREGHIERA

«Gesù, fa' che i gruppi di preghiera diventino fari di luce e amore nel mondo». Così pregava Padre Pio.

La preghiera era il suo pane quotidiano, era l'inno di ringraziamento quotidiano al Signore per il dono della vita. E proprio per la preghiera, più o meno nello stesso periodo in cui nasceva l'idea della Casa Sollievo della Sofferenza, il frate del Gargano concepì in cuor suo un altro grande progetto, frutto del continuo suo contatto con il Signore.

La seconda guerra mondiale era appena scoppiata, facendo presagire lutti e rovine. Sulla cattedra di Pietro, un grande Papa, Pio XII, lanciava continui appelli agli uomini affinché si riunissero in preghiera per scongiurare lo scontro delle nazioni. Nello sperduto paesetto garganico, l'umile frate con le mani fasciate accolse il pressante invito del Papa ed intensificò le sue preghiere fino allo spasimo. Ma Padre Pio non voleva pregare solo, desiderava che anche altri uomini di buona volontà si associassero a lui nella preghiera, per impetrare da Dio la pace e l'ordinata convivenza tra i popoli.

Una sera del 1940, mentre era in conversazione con alcuni suoi fedeli, cacciò dalla tasca un mazzo di rosari e ne consegnò uno a ciascuno dei presenti. «Pregate, pregate il Signore con me, perché tutto il mondo ha bisogno di preghiere. Ed ogni giorno, quando il vostro cuore sente di più la solitudine della vita, pregate, pregate insieme il Signore, perché anche Dio ha bisogno delle nostre preghiere!». Nacquero da queste semplici parole di Padre Pio, nel momento in cui gravava sul mondo intero la catastrofe bellica, i gruppi di preghiera, l'opera forse più spirituale del frate.

Dovettero trascorrere nove anni, prima che i gruppi di preghiera voluti da Padre Pio diventassero un'istituzione capace di operare in tutto il mondo, ma da San Giovanni Rotondo si irradiò la preghiera alimentata dalle parole del frate del Gargano. Il primo gruppo si formò intorno a Padre Pio stesso: erano cinque persone, tutte anziane, le prime che ascoltarono l'invito a recitare tanti rosari. Fu anche il primo focolaio, che in breve tempo divampò nel mondo intero. Ognuno che lasciava San Giovanni Rotondo, dopo aver incontrato il frate stigmatizzato, diventava il capo spirituale di un nuovo gruppo di preghiera. Intenzione di Padre Pio era di creare un esercito di oranti, di persone che dovevano lievitare il mondo intero portando ovunque il gusto dell'orazione e del colloquio con Dio.

Disse Padre Pio ad uno di questi gruppi: «Bisogna creare vivai di fede, focolai d'amore, nei quali Cristo stesso è presente ogni volta che si riuniscono per la preghiera e l'agape eucaristica!».

Perché il «gruppo» di preghiera? Oggi tutto lo svolgimento della vita è imperniato sul «gruppo» o meglio sul «clan». In politica, nello sport, nelle attività sociali non è il singolo uomo che opera, ma più uomini insieme, tutti protesi allo stesso risultato. Spesso anche là dove sembra che sia un unico uomo ad agire, in effetti il suo operato è la conseguenza di una serie di azioni. Così nella preghiera ci vuole l'opera del gruppo, perché l'orazione diventi più potente, più ascoltata dal Signore. «È la preghiera, questa forza unita di tutte le anime buone», dirà Padre Pio il 5 maggio 1966, nel decimo anniversario dell'inaugurazione della Casa Sollievo della Sofferenza, «che muove il mondo, che rinnova le coscienze, che sostiene la Casa, che conforta i sofferenti, che guarisce gli ammalati, che santifica il lavoro, che eleva l'assistenza sanitaria, che dona la forza morale e la cristiana rassegnazione alla umana sofferenza, che spande il sorriso e la benedizione di Dio su ogni languore e debolezza. Pregate molto, figli miei, pregate e sempre...!». E Padre Pio prega perché gli altri preghino; e molti si uniscono alla sua preghiera.

L'ultimo suo giorno terreno, il 22 settembre 1968, Padre

Pio lo visse incontrando i suoi gruppi di preghiera e pregando con essi. Scrisse quel giorno *L'Osservatore Romano:* «Attualmente i gruppi di preghiera di Padre Pio sono 726 di cui 668 in Italia, 21 in Francia, 8 in Australia, 6 in Svizzera, 5 in Belgio, 5 negli Stati Uniti, 3 in Germania, 2 in Lussemburgo, 1 nel Principato di Monaco, in Marocco, Sud Africa, Tunisia, Turchia, El Salvador, Cile. Inoltre a Roma c'è un gruppo internazionale in seno alla F.A.O. Il movimento è sorto, come è noto, per iniziativa di Padre Pio di Pietrelcina, e conta oggi 68.000 aderenti che si ritrovano insieme almeno una volta al mese per pregare in comune secondo le intenzioni di Padre Pio. Ogni gruppo ha come direttore spirituale un sacerdote approvato dal vescovo diocesano. Dei 726 direttori spirituali attuali, 544 appartengono al clero diocesano, 124 a diversi ordini e congregazioni religiose, 58 all'Ordine cappuccino».

Proprio il 21 settembre 1968 si tenne a San Giovanni Rotondo il Convegno internazionale dei gruppi di preghiera, quasi a voler testimoniare al suo ispiratore la reale presenza nella storia quotidiana e la loro attiva operosità in tutti gli angoli della terra. E Padre Pio ne fu commosso tanto che disse a padre Carmelo, suo superiore: «Rendo grazie al Signore per aver accolto la mia umile preghiera; sono felice che tanti uomini si uniscano a me nella preghiera!».

Erano queste le gioie dell'umile frate stigmatizzato; quelle vere, che portavano sollievo al suo spirito turbato dalla diffidenza altrui, dalla difficoltà di molti, dalla cattiveria degli uomini. C'erano voluti anni e anni di sangue alle mani, ai piedi, al costato; c'erano volute migliaia e migliaia di pezzuole intrise di questo sangue e accatastate in enormi armadi del convento, per convincere quelli che non credevano, per zittire gli scettici e i maligni.

23

UNA CREATURA DELLA CARITÀ DI PADRE PIO

A trent'anni dalla inaugurazione della Casa Sollievo della Sofferenza ecco quanto disse il cardinale Agostino Casaroli nell'omelia pronunciata il 4 maggio 1986 a San Giovanni Rotondo:

«1. Trent'anni fa, il 5 maggio 1956, veniva inaugurata la Casa Sollievo della Sofferenza, sgorgata dal cuore amorevole e sensibile di Padre Pio da Pietrelcina, l'infaticabile e insanguinato mistico di questo luogo di preghiera e di grazia.

In concomitanza con tale inaugurazione, si fa pure incominciare l'attività ufficiale dei gruppi di preghiera di Padre Pio, la cui storia iniziale risale tuttavia a tempi ben più remoti. In realtà già assai prima del 1950 coloro che avevano avuto la fortuna di conoscere Padre Pio avevano incominciato a incontrarsi, senza un piano prestabilito, ma mossi da uno stesso spirito, per pregare secondo le sue intenzioni, impressionati e stimolati dalle sue insistenti parole e dal suo eloquente esempio. A sua volta lo stesso Padre Pio, già personalmente ben convinto della assoluta necessità della preghiera nella diuturna e drammatica lotta contro il male, aveva voluto assumere in proprio e divulgare ampiamente il programma di preghiera inculcato pressantemente da Pio XII fin dall'inizio del suo pontificato. Nella prima enciclica, *Summi pontificatus,* Pio XII aveva, infatti, drammaticamente scritto: "Il momento in cui vi perviene questa nostra prima enciclica è sotto molti aspetti una vera ora delle tenebre, in cui lo spirito della violenza e della discordia versa sull'umanità la sanguinosa coppa di dolori senza nome" (20 ottobre 1939) e aveva indetto una crociata di preghiere ardenti e continue. E da allora, anche dopo terminato lo spaventoso conflitto mondiale, aveva proseguito a chiedere fervorose preghiere, a motivo delle sempre assillanti necessità spirituali e materiali dell'umanità. "Pregate, pregate, pregate – egli aveva detto – la preghiera è la chiave dei tesori di Dio; è l'arma del combattimento e della vittoria in ogni lotta per il bene e contro il male. Che non può la preghiera, adorando, propiziando, supplicando, ringraziando?" (4 settembre 1940). E insisteva sulla necessità dell'assidua preghiera dei sacerdoti, dei padri e delle madri di famiglia, dei giovani, dei fanciulli, e sull'importanza formativa e corroborante della comunione frequente e ben fatta.

Gli appelli accorati del Papa divennero programma per Padre Pio: "Diamoci da fare – diceva – rimbocchiamoci le maniche. Rispondiamo noi per primi a questo appello lanciato dal Romano Pontefice" (cfr. *La Casa Sollievo della Sofferenza,* 13 gennaio 1971). Queste risposte furono – con lui e attorno a lui – i gruppi di preghiera, dei quali, dopo ormai anni di esperienza e di consolidamento, così egli il 5 maggio 1966 delineava la fisionomia e la finalità: "Sono vivai di fede, focolai d'amore, nei quali Cristo stesso è presente ogni volta che si riuniscono per la preghiera e l'agape fraterna sotto la guida dei loro pastori e direttori spirituali" (cfr. *La Casa Sollievo della Sofferenza,* 15 maggio-15 giugno 1966).

Dall'inizio ufficiale, che questo convegno internazionale intende oggi commemorare con tanta gioia e riconoscenza, i "gruppi" si sono estesi in tutta l'Italia e nei vari continenti, cosicché durante l'Anno Santo straordinario della Redenzione, il santo Padre Giovanni Paolo II poteva accoglierli in un grandioso pellegrinaggio internazionale. Nel discorso loro rivolto, così egli ne definiva la nota caratteristica, e quasi l'identità: "La vostra presenza e il vostro impegno cristiano sono indissolubilmente legati alla personalità ed all'opera di Padre Pio da Pietrelcina, l'umile frate cappuccino che, per quasi cinquant'anni, nel convento di San Giovanni Rotondo, ha vissuto e realizzato la sua consacrazione religiosa a Dio quasi esclusivamente nella continua, diuturna, fervorosa preghiera e nel ministero della riconciliazione, guidando e dirigendo migliaia di fedeli, che cercavano l'autentica strada della perfezione e della santità cristiana" (1 ottobre 1983).

Dopo l'appello lanciato nell'agosto 1950 e dopo l'istituzione del bollettino di collegamento, emerse in modo definitivo il carattere umile, riservato, privato dei gruppi.

Assolutamente legati alla Chiesa, mediante l'approvazione del vescovo locale, con un sacerdote da lui designato per l'assistenza e la cura pastorale, con la chiara designazione della finalità formativa e apostolica: "Curare attraverso la preghiera collettiva, la formazione e l'elevazione spirituale di tutti coloro che vi partecipano, onde far sì che ognuno di essi sappia diventare un esempio di vita cristiana, un esempio di pietà e di carità. Perché la preghiera deve essere il mezzo per elevare l'anima nostra a Dio, per innalzargli un inno di amore, per presentargli, come al più amorevole dei padri, le nostre povere necessità spirituali e materiali. Ma essa deve renderci capaci di effondere intorno a noi la luce della fede cristiana" (cfr. *La Casa Sollievo della Sofferenza*, febbraio 1951).

Possiamo dire perciò che, come il grande e accogliente ospedale di San Giovanni Rotondo, così anche i gruppi di preghiera, sparsi ormai in tutto il mondo, sono nati dalla meravigliosa carità di Padre Pio, che ha voluto, non solo lenire le sofferenze fisiche dell'uomo, ma, non meno, sanare le ferite spirituali dell'umanità, salvando le anime dal male e stimolandole alla santità.

2. I gruppi di preghiera hanno un grande compito da effettuare nella società moderna, con la loro specifica qualifica e il loro specifico impegno a far rivivere la spiritualità di Padre Pio nei vari ambienti della vita quotidiana, familiare e sociale.

In verità, non è facile analizzare e penetrare in modo esauriente la personalità di Padre Pio: le biografie, gli studi sui suoi scritti e la sua mistica, le analisi del suo comportamento e delle sue intuizioni si moltiplicano, scoprendo nuovi elementi e allargando la possibilità e la necessità delle ricerche. D'altra parte sappiamo che lui stesso scrisse al padre Agostino da San Marco in Lamis, suo direttore spirituale, di essere "mistero a se stesso, di non riuscire a comprendersi" (cfr. *Ep*. I, passim). Tanto più è difficile per noi scendere nell'intimo della sua anima, che visse sempre in un'atmosfera mistica e soprannaturale. Insignito di doni che si potrebbero chiamare tremendi e dotato del carisma dell'interiore conoscenza, egli considerava le vicende umane unicamente da un punto di vista sovrumano ed eterno, pur mantenendo un sano e affabile buon umore, non disgiunto da un atteggiamento talvolta rude, quando lo riteneva necessario. La sua lunga vita si può definire un calvario continuo, in cui egli ha sofferto duramente unendosi a Cristo per la salvezza delle anime e in cui i due punti focali sono sempre stati l'altare del sacrificio e il confessionale del perdono. Come egli disse, Gesù stesso l'aveva preavvertito di questa sua missione di amore e di dolore: "Figlio mio, l'amore si conosce nel dolore; lo sentirai acuto nello spirito e più acuto lo sentirai nel corpo" (*Ep.* I, p. 328, 29 dicembre 1912).

Nel 1920, ormai inchiodato sulla croce della redenzione, così scriveva a padre Benedetto: "Mi vedo posto nell'estrema desolazione. Sono solo a portare il peso di tutti e il pensiero di non poter apportare quel sollievo di spirito a coloro che Gesù mi manda, il pensiero di vedere tante anime che vertiginosamente si vogliono giustificare nel male a dispetto del Sommo Bene mi affligge, mi tortura, mi martirizza, mi logora il cervello e mi dilania il cuore" (*Ep.* I, p. 118, 8 ottobre 1920).

Quante volte egli geme sotto il peso del peccato che opprime il mondo e, timoroso della sua stessa eterna salvezza, invoca la morte per poter raggiungere finalmente il luogo arcano della felicità divina, dove il libero arbitrio è attratto solo più dal bene; ma accetta coraggiosamente la volontà dell'altissimo e annota: "Ho lavorato, voglio lavorare; ho pregato, voglio pregare; ho vegliato, voglio vegliare; ho pianto e voglio piangere sempre per i miei fratelli di esilio" (cfr. *Ep.* I, p. 1243, 23 ottobre 1921).

Sull'immagine ricordo della prima santa Messa (10 agosto 1910) aveva scritto: "Gesù – mio sospiro mia vita – oggi che trepidante ti elevo – in un mistero di amore – con te io sia pel mondo via verità e vita – e per te sacerdote santo – vittima perfetta". Si può dire che Padre Pio fu totalmente fedele a questo programma di vita, sino alla fine, sino all'ultima sua Messa celebrata il 22 settembre 1968. Tutti facevano grande festa attorno a lui; ma egli sospirava: "Altro che festa; dovrei fuggire e sparire per la confusione che provo". Si legge nella *Cronistoria* (Ms. II, ff. 796-797) che Padre Pio era "pallido e sbiancato in viso, come assente e smarrito" e benedisse la folla accalcatasi alla balaustra laterale ripetendo affettuosamente e affannosamente "Figli miei, figli miei!". Dopo la celebrazione della Messa voleva recarsi a confessare, ma stremato di forze e tremante venne portato in camera. Alle 10,30 volle salutare e benedire la folla affacciandosi dalla finestra del coro della chiesetta. Apparve alla finestra bianco, diafano in viso, agitando un fazzoletto e benedicente con la mano: "È stata un'apparizione, una visione eterea, come di un altro mondo" (*Cronistoria,* ms. II, f. 801. Cfr. *Voce di Padre Pio,* aprile 1986).

Pochi giorni dopo Padre Pio lasciava questa terra, consegnando ai gruppi di preghiera il compito e la responsabilità di mantenere e perpetuare la sua spiritualità.

3. Una delle caratteristiche della società moderna, da molti esaltata, da molti deplorata, da tutti riconosciuta, è la "secolarizzazione", che, anche nell'ambito propriamente istituzionale e giuridico, intende prescindere completamente dai principi supremi della trascendenza e della responsabilità ultraterrena degli atti. Non sono pochi coloro che vedono, nel mondo di oggi, una minoranza cristiana confrontata a una società che nel suo complesso – anche nei paesi di antica cristianità – cristiana non è e non vuol

esserlo, fiera dei propri successi nel campo della scienza e della tecnica, preoccupata del progresso e del benessere. La secolarizzazione è un fenomeno storico di enormi conseguenze, perché incidendo sui criteri fondamentali di distinzione fra il bene e il male, trasforma e relativizza i principi etici sui quali devono reggersi la vita e la condotta dell'uomo e che per secoli sono stati accettati, anche se non sempre messi in pratica, dal mondo evangelizzato. I gruppi di preghiera si propongono di contrapporre alla secolarizzazione, così ampiamente e profondamente diffusa nella società moderna, lo spirito genuino del vangelo, per contribuire alla ri-conversione del mondo, sull'esempio di Padre Pio. Ben sappiamo quante persone lontane dalla verità, dubbiose, indifferenti, avverse al messaggio evangelico e all'insegnamento della Chiesa, incontratesi con Padre Pio si sono convertite! Di fronte a Padre Pio non si poteva rimanere insensibili ed ogni falsa categoria o costruzione filosofica ed emotiva saltava totalmente! Il giornalista Orio Vergani, recatosi a San Giovanni Rotondo per intervistarlo, così scriveva: "Guardavo il frate che avrei dovuto intervistare e tutto il mio giornalismo, tutto il mestiere, tutte le mie domande e tutte le mie parole si perdevano come uno spillo in un pagliaio davanti all'estremità di ciò che i miei occhi vedevano e di cui, in verità, i miei occhi, che pur ne hanno viste tante, non sapevano saziarsi, tanto era misteriosa quella semplice immagine, tanto era profondo l'abisso di interrogativi, che mi veniva aperto da quella semplice immagine di frate contadino seduto – e così ogni giorno da trentadue anni - nel rustico trono del suo confessionale, ad ascoltare, una volta a destra una volta a sinistra, a seconda del turno delle due lente file delle penitenti, la storia dei peccati del mondo, l'invocazione del mondo..." (*Corriere della Sera,* 11 aprile 1950). Un altro grande scrittore, Guido Piovene, che, di formazione laica rimase purtroppo con la nostalgia della verità, senza decidersi ad abbracciarla, recatosi da Padre Pio fu impressionato specialmente dalla sua Santa Messa, che descrisse in una pagina profonda e suggestiva, nella quale tra l'altro così si esprime: "È chiaro che il frate rivive, anima e corpo, il Sacrificio di Cristo: più che una Messa, il suo è un colloquio con Cristo, concitato a momenti, e in altri disteso. I sentimenti discordanti di gioia e d'angoscia, che palesa sul volto, sono suscitati in lui dalla vicenda cui partecipa... Dire Messa è per Padre Pio l'avvenimento capitale della giornata... Le sue occupazioni sono celebrare la Messa, confessare, pregare" (13 maggio 1956).

I gruppi di preghiera, seguendo le orme di Padre Pio, devono essere centri di autentica fede, irradianti la verità con la vita e, appunto, con la preghiera.

4. La storia è stata sempre e continua ad essere il campo della lotta tra il bene e il male: Gesù l'ha affermato apertamente e ha descritto tale conflitto nella parabola del buon grano e della zizzania. Padre Pio non permetteva né illusioni né utopie: "La quiete è riservata al cielo

– scriveva – dove la palma della vittoria ci aspetta. In terra bisogna sempre combattere tra la speranza e il timore, con patto però che la speranza sia sempre più forte, tenendo sempre a noi presente l'onnipotenza di colui che soccorre" (*Ep*. III, p. 736, 11 giugno 1918). Prendere ogni giorno la croce del dovere, delle virtù cristiane, della pazienza, della castità, della carità, seguire il Divin Maestro, non è facile; la strada è ardua, la porta è stretta. I gruppi di preghiera devono affrontare coraggiosamente la lotta contro il male, essere sempre buon grano, non seminare mai zizzania, non confondere mai idee, essere sempre totalmente fedeli coerenti con l'insegnamento della Chiesa. La storia umana è tempestosa; l'umanità avanza, fra progressi e sconfitte, fra l'urto delle sue forze intrinseche. "Orsù – scrive Padre Pio – conviene santamente animarsi e rinforzarsi tra tutti questi flutti. Benedetto sia il vento che li suscita, perché ci farà giungere al porto... Gesù glorificato è bello, ma quantunque egli sia tale, sembrami che lo sia maggiormente crocifisso..." (*Ep*. IV, 106). "Amare Dio nello zucchero, anche i fanciulli lo saprebbero fare; l'amarlo nell'assenzio, questo è il contrassegno della nostra amorosa fedeltà" (*Ep*. IV, 245).

In mezzo ai flutti ricordati da Padre Pio noi rimaniamo sereni perché sappiamo e crediamo fermamente che nulla sfugge al disegno supremo della provvidenza. Certamente allo sguardo limitato della ragione il disegno di Dio appare misterioso e quindi talvolta sconcertante e terribilmente oscuro. Il *deus absconditus* di Isaia e di Pascal può essere talvolta il nostro tormento: non riusciamo a capire chiaramente i motivi ultimi del suo piano, che si esprimono concretamente nelle contrastanti vicende della storia umana. Padre Pio era perfettamente conscio di non poter penetrare ed esaurire il mistero dell'Altissimo, e quindi della provvidenza divina, e perciò si affidava totalmente ad essa con amore e con fiducia. Così scriveva a una sua discepola: "Disponiamoci sempre a riconoscere in tutti gli eventi della vita l'ordine sapientissimo della divina provvidenza, adoriamola e disponiamo la nostra volontà a sempre e in tutto uniformarla a quella di Dio, che così glorificheremo il Padre celeste" (*Ep*. II, p. 341). I gruppi di preghiera devono vivere questa spiritualità dell'abbandono alla volontà divina: pienamente impegnati nelle vicende terrene con tutti i propri talenti, ma anche pienamente fiduciosi nella presenza della provvidenza che non ci abbandona. Ricordiamo le belle parole di Alessandro Manzoni nelle sue *Osservazioni sulla morale cattolica:* "Quanto più l'uomo conosce che debole, che incerto, che sproporzionato assegnamento possa fare sulle proprie forze e, insieme, sa e crede che gli è, non già permesso, ma comandato di sperare; tanto più si sente mosso a volgersi e, direi quasi, a buttarsi, con un lieto abbandono, da quella parte dove tutto è forza, tutto è fedeltà, tutto è previdenza, tutto è assistenza".

Gli amici di Padre Pio devono essere convinti come lui che tutto quanto accade nella storia serve in un modo spesso per noi incomprensibile, per la realizzazione del regno della grazia voluto da Dio...

5. Carissimi amici di Padre Pio! Per mezzo dei gruppi di preghiera egli è presente nelle vostre diocesi, nelle vostre parrocchie, nelle vostre famiglie, con la sua fede profonda, con il suo esempio, con la sua spiritualità. Le parole che Gesù disse agli apostoli, promettendo lo Spirito Santo, valgono anche per voi: “Vi lascio la pace, vi do la mia pace. Non come la dà il mondo, io la do a voi. Non sia turbato il vostro cuore e non abbia timore” (Gv 14,27). “No, non temete – diceva Padre Pio – voi camminate sul mare tra i venti e le onde; ma ricordatevi che siete con Gesù! Che vi è da temere? Ma se il timore vi sorprende, gridate fortemente: O Signore, salvatemi! Egli vi stenderà la mano: stringetela forte e camminate allegramente!” (*Ep*. III, p. 580, 8 marzo 1918).

Camminate con grande fiducia portando al mondo la pace e la serenità, come ha insegnato Padre Pio; procedete insieme con Maria Santissima, la nostra celeste Madre, con il rosario fra le vostre mani! “Sforziamoci noi pure – diceva Padre Pio – come tante anime elette, di tenere sempre dietro a questa benedetta Madre, di camminare sempre appresso ad ella, non essendovi altra strada che a vita conduce, se non quella battuta dalla Madre nostra” (*Ep*. I, p. 602, 10 luglio 1915).

Queste parole di fiducia e di esortazione siano viatico per un cammino di santificazione e di apostolato!».

24

PADRE PIO E IL SUO CAPARBIO AMORE ALLA CHIESA

Su questo argomento sentiamo, per intero, quanto disse il cardinale Giacomo Lercaro l'8 dicembre 1968, a Bologna, nel teatro annesso alla chiesa dei padri Cappuccini, parlando ai gruppi di preghiera:

«Con senso di profonda umiltà, parlo a voi, religiosi dell'Ordine e fedeli dei gruppi di preghiera e fratelli tutti.

Me lo impone questo senso di umiltà, la figura di Padre Pio cui la morte repentina e pure attesa ha dato l'ultimo tocco, e trasferendolo al di là della vicenda terrena, ha consentito a tutti, anche agli ostinati avversari, di almeno intravederne la statura spirituale...

Di lui io tacerò i fatti singolari che pur hanno concorso a richiamare sull'umile cappuccino di un conventino del Gargano l'attenzione del mondo: le stimmate, il profumo misterioso, i carismi di profezia, di scrutamento dei cuori,... non li nego, non li affermo, ne rimetto il discernimento e il giudizio alla Chiesa; e penso con san Paolo che non sono questi doni dello Spirito a farne la grandezza, perché, come tutti i carismi, doni gratuiti che l'unico Signore distribuisce come vuole, sono dati per il bene del corpo mistico, della comunità ecclesiale cioè, della quale Cristo è capo.

A noi non rimane, di fronte a questa manifestazione dello spirito di Dio, che ringraziare la divina bontà per il tesoro di illuminazione, di conversione, di incoraggiamento al bene, di conforto, di speranza che portano nel mondo misterioso delle anime, cooperando e operando talvolta a spezzare cuori induriti e vincoli tenaci e a lanciare nelle vie della generosità più ardita e più impegnata energie fino a ieri sciupate nell'accidia spirituale o nel peccato.

Ma, chiamato qui a commemorare Padre Pio, io amo ricordarne e commentarne il titolo più autentico di gloria, al quale tutte le manifestazioni carismatiche non sono, se mai, che cornice ed elemento di richiamo agli uomini troppo spesso distratti o miopi perché portino il loro sguardo e la loro attenzione e venerazione sull'impegno essenziale del cristiano che è di configurarsi a Cristo Gesù, l'unigenito Figlio di Dio, nel quale il Padre trova le sue compiacenze e noi abbiamo il Maestro e il modello supremo.

Saranno infatti conglorificati, afferma Paolo, quanti, secondo il divino disegno di grazia, Dio riscontrerà conformi all'immagine del Figlio suo.

Questo impegno, che suggerì all'apostolo Paolo tutto un suo fascinoso vocabolario, lo condusse anche a sentire in sé così potentemente gli stessi sentimenti di Cristo, da poter constatare che sì, era ancora lui, Paolo, a vivere; eppur non più lui viveva ma Cristo in lui...

In Padre Pio questo impegno di ascesi fu costante e, come nell'apostolo Paolo, ebbe il suo suggello luminoso nella condivisione della croce; come Paolo, Padre Pio poteva affermare che con Cristo compativa, con Cristo era concrocefisso e con Cristo sempre conviveva... mettendo – ancora secondo l'ardita affermazione di Paolo – con la sua sofferenza compimento a quel che manca alla passione di Cristo.

Non mi è possibile esplorare adeguatamente tutta la vita – pur apparentemente uguale e monotona del Padre – per sottolinearvi l'amorosa e generosa configurazione al Signore.

Mi fermerò su tre elementi il cui richiamo sento a me e penso anche a voi oggi particolarmente utile.

È anzitutto lo spirito di orazione fatto anima dell'apostolato: Padre Pio è, come Gesù, l'uomo del colloquio col Padre, uomo di preghiera...

Ricordo il mio primo incontro con lui in anni ormai lontani: lo trovai nel coretto dell'antica Chiesa delle Grazie al suo luogo di preghiera. Ne fui contento tanto, anche se la cosa ritardava il mio colloquio con lui, che ovviamente non volevo sottrarre al colloquio con Dio: mi parve che proprio così, in preghiera, lo si dovesse trovare; la Messa antelucana in mezzo all'assemblea affollata e pur tanto raccolta e quasi rapita e l'orazione silenziosa nel coretto deserto erano infatti le radici di quella forza soprannaturale che irrobustiva la sua parola illuminata, burbera, talora dura, ma tanto suasiva e tanto confortante...

Sentì Padre Pio tanto profondamente la forza sovrumana della preghiera che volle facilitarla ai suoi figli spirituali, ogni giorno più numerosi nel mondo, e lasciarla a loro quasi preziosa eredità e continuazione della sua costante sollecitudine per l'avvento del regno di Dio nelle anime e nel mondo.

E nacquero i gruppi di preghiera che riunivano periodicamente i suoi figli spirituali a pregare insieme e insieme a meditare sulla provvista efficacia dell'insostituibile forza di Dio per il bene del mondo.

È sorprendente – e sarebbe a noi incomprensibile oggi se l'evangelo non ci avesse avvertito dell'incomprensione degli uomini – che i gruppi di preghiera abbiano trovato tanta difficoltà e ostilità e propriamente là donde avrebbero ragionevolmente atteso l'incoraggiamento e la promozione.

Eppure a voler andare a fondo, è stato lo stesso Signore Gesù a incoraggiarli, quando affermò che dove fossero due o tre riuniti nel suo nome egli sarebbe in mezzo a loro e qualunque cosa avessero chiesto al Padre sarebbe stata loro concessa...

Ma quello che più sorprende e amareggia è che non si sia talora proprio dalle sentinelle poste, secondo l'immagine di Isaia, a vigilare nella notte del tempio, neppur osservata l'attualità di questo richiamo alla luce e alla forza di Dio in un mondo che, come il nostro, nella sua pretesa di secolarizzazione o nega o ignora Dio, mentre privata di componente verticale la sua opera di costruzione, non solo si preclude l'orizzonte a ogni speranza oltre la terra, ma il panorama stesso della terra rende con tutto lo sforzo della sua ricerca scientifica e le risorse della sua tecnica avanzatissima, paurosamente insanguinato e devastato dalla guerra, impallidito dalla fame e avvelenato da esplosivi germi di divisioni, di adii, di violenza... Su questo panorama funereamente dominato da quella che paradossalmente, ma non senza un accento amaro di verità, si è voluto chiamare la teologia della morte di Dio, si è radicato il messianismo marxista come unica ragione di speranza per il mondo, dilacerato dai dislivelli sociali; ma un messianismo immanente, che attende la redenzione delle cose e la cerca con la lotta e non con l'amore; come se fosse possibile che le istanze dello spirito si acquietassero, nella sola opulenza della civiltà del benessere terreno; e come se l'odio potesse essere costruttivo.

I gruppi di preghiera sono, in un mondo così fatto, il richiamo dell'uomo evangelico alla necessità di Dio, delle sue certezze e speranze, della sua carità e della sua grazia per una salvezza nella vita e oltre la vita; sono una professione collettiva per una salvezza nella paternità amorosa del Signore e, nel tempo stesso costituiscono un vincolo di fraternità che lega quanti vi partecipano e va oltre a tutte le miserie, le indigenze, le sofferenze! Come già la "perseveranza nell'orazione" o nella frazione del pane "legava i primi fratelli, indirizzati dall'insegnamento degli apostoli" e ne faceva "un cuore solo e un'anima sola"...; cosicché – è il riflesso sociale dello scrittore ispirato – "non c'era tra loro alcuno bisognoso".

La vigilia della sua morte Padre Pio, che nel silenzio sempre aveva alimentato la preghiera dei gruppi, ne vide finalmente la suprema approvazione; chiuse così, tra il coro degli oranti, la sua missione in terra: in realtà essa era stata una preghiera continua, una supplica persistente al Padre per presentargli con Cristo, in Cristo e per Cristo le necessità e i dolori, le speranze e le ansie della Chiesa e del mondo...; nel suo sacerdozio, la mediazione dell'Unico Mediatore si attuava con l'incessante offerta che lo univa alla vittima dell'altare; e, come intorno all'altare del modesto santuario, così dietro il suo invito, nel mondo tutto, le anime facevano assemblea e univano il coro delle voci oranti ai gemiti irresistibili di Cristo.

Ma in modo particolare la povertà accostò Padre Pio a Cristo Figlio di Dio, fatto per noi povero e nudo, nella stalla e sulla croce; a Cristo esule e artigiano umilissimo in una umilissima borgata; senza tetto e senza pane per le vie della terra povera e magra che aveva scelto a teatro dell'opera sua...

Come Cristo, Padre Pio fu povero, e non solo per il voto di povertà, professato in un Ordine caratterizzato nei suoi inizi e nella sua successiva riforma da povertà effettiva, ma perché di fatto la sua vita di cappuccino la visse nella cella di un umile convento del Mezzogiorno d'Italia, senza mai uscirne, per allargare lo sguardo su un orizzonte più vasto; ma la povertà cioè, del povero d'un tempo, che non aveva mai visto la città, e non conosceva né le emozioni di un viaggio, né la gioia incantata di una escursione...

Non poteva Padre Pio dire con Gesù "le volpi hanno una tana e gli uccelli un nido; ma il Figlio dell'uomo non ha una pietra su cui posare il capo". Aveva nel conventino delle Grazie, una cella, un letto, un guanciale, ma né sedeva a parlare sulle colline fiorite di anemoni, Padre Pio, né saliva sul monte, né traversava il lago increspato dalla brezza o flagellato dalle ventate... Era piccolo davvero il suo mondo esteriore e ristretto, e talora nei momenti di persecuzione acuta, coartato come il mondo – si può chiamarlo così? – del carcerato: il mondo dei più poveri, di quelli che non hanno neppure l'aria, di cui pur godono gli uccelli e i fiori... E se le ricchezze affluivano a lui, oh, le sue mani, sì, erano davvero forate... Si discussero di Padre Pio le stimmate: nessuno però avanzò il dubbio che le sue mani non fossero forate...

Come Cristo, infatti anche egli si era fatto povero per arricchire gli altri: "ut ditaret nos!".

E quasi poeta, ideò e persistentemente volle e contro tutte le difficoltà effettivamente realizzò la Casa del Sollievo della Sofferenza e la costruì funzionale, dotata di tutte le risorse che oggi la scienza e la tecnica possono offrire, bella decorosa, ricca anche e nobile nella sua presentazione; aperta gratuitamente ai poveri, e non esosa con gli abbienti, uguale nella cura, nel trattamento e nell'amorosa assistenza con tutti. Sorse così sull'arida roccia del Gargano, tra mandorli in fiore e fichi d'india pungenti, una delle più moderne cliniche, così che per celebrarne l'apertura, vi convennero a symposium dal mondo tutte le più illustri personalità della medicina...

L'opera, per la quale il Padre tanto ebbe a soffrire e per la quale seppe suscitare in tanti cuori il palpito largo della generosa cristianità, è l'interpretazione più felice e più autentica della carità evangelica.

È veramente singolare e prodigioso che un umilissimo figlio della povera terra del Mezzogiorno d'Italia – povera quanto era allora –, cresciuto nell'ambiente nudo del convento cappuccino, abbia intuito con lucida chiarezza e con tanto vigore abbia voluto quello che, in ben altri tempi e ambienti e con ben diversa educazione, altri non solo non arrivava a pensare ma, vedendolo fatto, non arriva ad apprezzare, a capire...

Volle cioè Padre Pio che al povero ammalato fosse data una ospitalità e una assistenza qualificata; che tutte le risorse della scienza fossero impegnate per la sua vita in una cornice confortevole e decorosa; superò così quasi d'un balzo il clima deprimente dell'"ospizio" tradizionale, l'atmosfera mortificante di una assistenza che riservava all'indigente le briciole del banchetto, delle quali tuttavia il vangelo già aveva detto che sono destinate ai cani...

Aveva inteso Padre Pio e più concretamente del grande Bossuet l'imminente dignità dei poveri nella Chiesa, lui che la povertà aveva amorosamente sposato; alla luce della fede che sola indirizzava il suo pensiero e la sua azione chiaramente scorgeva nel povero il Signore Gesù presente anzi – secondo il prezioso suo commento – due volte presente nel povero ammalato...

Credeva il Padre Pio e credeva concretamente alla anticipata sentenza del Supremo Giudice: "avevo fame e mi avete dato da mangiare, ero infermo e mi avete visitato...; tutte le volte che avete fatto questo al più piccolo dei fratelli l'avete fatto a me...".

E a Gesù, unico Signore, volle riservata ogni attenzione; non si era infatti lamentato Gesù con Simone il fariseo perché questi, ospitandolo, gli aveva negato le attenzioni solite ad usarsi con l'ospite di riguardo? "Sono entrato in casa tua e non mi hai offerto l'acqua per lavarmi i piedi... non mi hai dato il bacio... non hai versato il profumo sul mio capo...". E aveva concluso, il Signore, nel confronto con l'atteggiamento con la pubblica peccatrice, "hai amato meno!". Gesù non lo si può amare meno!... a lui vanno tutte le attenzioni di una ospitalità che ne sente la presenza – anche se velata dalla miseria – e lo adora!

Dirci che è questo il nuovo stile della carità: nuovo, in quanto solo il vangelo ha rivelato in Gesù il nome del povero umile e indifeso, la cui voce anonima già l'Antico Testamento aveva fatto sentire; nuovo, perché, anche dopo l'annunzio evangelico portato ai poveri, gli egoismi umani hanno per secoli troppo spesso avvilito il povero.

Così Padre Pio si era fatto sull'esempio di Gesù povero ed umile, per dare ai poveri, reso efficace dal senso della fraternità, il sollievo che la ricchezza offre agli abbienti; e aveva fatto sentire al mondo secolarizzato la fecondità sociale della carità di Cristo e della sua povertà.

Ma la configurazione di Padre Pio con Cristo si rende luminosa soprattutto nella sofferenza...: la sua vita è una passione e gli accostamenti alla sofferenza del Salvatore sono anche troppo evidenti! A cominciare proprio dalla incredulità e dalla persecuzione di coloro che primi avrebbero potuto e dovuto comprendere, mentre proprio le folle umili e sincere assediavano la Chiesa delle Grazie e il confessionale del Padre e "venivano – per usare le parole di san Luca (6,17) – da tutta la Giudea e da Gerusalemme e dalla costa di Tiro e di Sidone – da tutto il mondo insomma – per ascoltarlo e farsi guarire dalle loro malattie e... tutti cercavano di toccarlo poiché da lui usciva una forza che guariva tutti...".

Conobbe Padre Pio nella sua passione due momenti di particolare intensità: l'uno quando il suo nome aveva iniziato a circolare largamente, segno di venerazione in mezzo al popolo di Dio ed erano discussi i fenomeni straordinari che attiravano sul cappuccino del Gargano l'attenzione, mentre l'austerità dell'umile sua vita e lo zelo della sua parola e del suo ministero nascosto venivano a disturbare i pastori indigeni e provocavano la crisi nella Chiesa di Manfredonia, avvelenata da infedeltà e deturpata da "abominazioni poste nel luogo santo" e coperte da mostruose complicità e da connivenze interessate.

Gli sciagurati, che la luce di una vita santa e di un ministero immacolato denunziava, trovavano eventualmente ascolto nel denunziare l'umile frate quasi un ipocrita esibizionista e non soltanto illusori ma fraudolenti i fatti carismatici che promuovevano intorno a lui la fiducia delle folle fedeli.

La condanna dell'autorità superiore, il verdetto che la provocò non giustificato da un esame oggettivo, lo trovarono, come sempre lo troveranno le decisioni dell'autorità, pronto all'obbedienza e all'obbedienza silenziosa... "Jesus autem tacebat!".

Le parole dell'evangelista che sottolineano il silenzio di Gesù di fronte alla canea degli accusatori – silenzio che meravigliò altamente il giudice romano – riassumono quarant'anni di vita tormentata di Padre Pio...

Di lui si parlò e si scrisse; lo si condannò e lo si derise...; ed egli tacque.

Il silenzio! È l'elemento di vita ascetica; è la condizione del colloquio con Dio e della vita interiore; è la promessa di ogni parola sensata che possa portare luce e forza agli uomini. Per lui fu la propedeutica misteriosa alle grandi missioni di Mosè, di Elia, di Giovanni Battista..., Gesù, che è la Parola vivente ed eterna del Padre, l'unica Parola di verità e di vita, lo visse per trent'anni...; ma diventa eroismo – il silenzio – quando tace di fronte alla calunnia, non reagisce all'insulto, non rivendica il buon diritto, non accusa il sopruso, l'ingiustizia, il delitto... "E Gesù taceva".

E venne così la seconda stagione del dramma misterioso, quando antiche amarezze di uomini superati dalla vita che frattanto aveva illuminato, con la verità dei fatti, l'umile frate calunniato, e insieme nuovi aspetti di denaro sollevavano incredibilmente audace e cinicamente crudele la nuova persecuzione contro il giusto disarmato dalla beatitudine dei poveri, dei miti, dei perseguitati per la giustizia...

Addolorava Padre Pio il fatto che, contro ogni diritto, si tentasse disporre delle ricchezze che rappresentava la Casa del Sollievo della Sofferenza e che ad essa affluivano dalla carità dei suoi figli spirituali... Certo egli doveva difendere le intenzioni degli offerenti, per salvaguardare le quali gli era stato concesso, nonostante il voto di povertà, di disporre come proprietà sua, di quei beni... ed egli, finché non credette di trovarsi di fronte ad una volontà superiore che, nel segno dell'obbedienza, gli sottraeva l'Opera prediletta, rimase umilmente e serenamente fermo...

Ma ad addolorarlo nel profondo, a farlo agonizzare come il Salvatore nell'orto degli Ulivi, era il fatto che egli non tanto per la Chiesa soffriva – ciò che lo avrebbe confortato con la luce della beatitudine annunziata a chi soffre per l'evangelo – quanto il fatto che "dalla" Chiesa soffriva; dagli uomini della Chiesa, che portano nella comunità, che Cristo anima del suo spirito e rende mirabile sacramento di salvezza, il peso delle loro miserie, avidità, ambizioni, meschinità e deviazioni... Sentì l'amarezza di procedimenti arbitrari, di provvedimenti durissimi, ingiuriosi, maligni, senza reagire, senza reclamare... lo si isolò dagli amici e come Gesù poté dire: "invano cercai chi mi consolasse...". Al loro posto vennero gli avversari, rincalzati nella miserabile astiosità del mediocre che non soffre la superiorità della virtù da potenti appoggi, i confratelli stessi divennero i suoi tormentatori e colui che, conforme la tradizione cappuccinesca, gli era stato dato come bastone della sua vecchiaia ne fu il traditore miserabile che spinse fino al sacrilegio il suo bacio proditorio... "E Gesù taceva"!

Taceva anche la provvidenza, e lasciava come nella passione del Signore gli uomini in balìa delle loro passioni, senza sconcertarne i piani con interventi superiori: "Dio mio, Dio mio – dovette gemere nel profondo del cuore il vecchio frate ammalato e stanco – perché mi hai abbandonato?".

E taceva anche lui...

La sua umiltà non si smentì mai; né la sua obbedienza né la sua carità...; né venne meno la sua fiducia. E continuò ormai consunto dagli anni, dalle fatiche, dal digiuno, dall'asma, dalle sofferenze interiori – continuò a seminare intorno a sé nelle anime che lo accostavano luci di fede, di speranza, di generosità, di amore...

Forse nulla c'è di più grande in Padre Pio – povero frate del Gargano che tutto il mondo conobbe e ammirò – forse nulla vi è di più grande che il suo lungo, silenzioso, persistente – quasi caparbio sebbene tanto umile – amore alla Chiesa, la sua fedeltà alla Chiesa, la sua disponibilità completa, che nella prima ventata gli consentiva di prepararsi serenamente a partire per la Spagna, o nella seconda gli consentì di cedere con tutta semplicità la sua più sognata e amata realizzazione terrena...

L'ultima sua parola, quando ormai nessun velo gli nascondeva prossimo il transito dal tormentato crocifisso esilio alla Patria, fu perciò una lettera di leale filiale affettuosa devozione alla Sede Apostolica... Poi un silenzio come era vissuto nel silenzio.

Padre Pio era povero: sempre lo era stato, anche quando un privilegio gli consentiva di intestare al suo nome la Casa Sollievo della Sofferenza: non era infatti che una forma giuridica per salvaguardare la finalità della Casa.

Ma lui – poverissimo – un testamento ha pur lasciato; e un'eredità preziosa: il suo esempio, il suo spirito, la sua preghiera, la sua carità, la sua comunione di fede e di amore con il suo Ordine (del quale Paolo VI lo ha dichiarato modello) e con la santa Chiesa di Dio...

A noi incombe la responsabilità di raccogliere pienamente e rendere fruttuoso questo ricco patrimonio. Troppo spesso da un individualismo naturale più che cristiano siamo indotti a cercare nelle anime luminose dei "protettori"; è forse invece il disegno amoroso di Dio che esse siano a noi piuttosto un esempio, esempio luminoso e vicino che ci faciliti quell'unica realizzazione vera per cui possiamo utilmente vivere ed operare: una maggiore conformità a Cristo Signore nostro!».

25

LA MANCATA VISITA DI PAOLO VI

All'inizio degli anni Sessanta, Padre Pio subì una vera persecuzione anche da parte di uomini del Vaticano. E questo si verificava nonostante che il Papa, Giovanni XXIII, amasse profondamente il frate di Pietrelcina e mentre si svolgeva il Concilio ecumenico Vaticano II, che tante innovazioni avrebbe portato nella Chiesa e tante speranze nei cuori dei cattolici. Le restrizioni imposte a Padre Pio dal Sant'Uffizio (si giunse a non consentirgli di ricevere e inviare posta e di non incontrare nessuno che non fosse legato a lui da vincoli di parentela) si allentarono gradatamente nel 1963, ma fu Paolo VI, nel gennaio del 1964, a pochi mesi dalla sua elezione a Sommo Pontefice (avvenuta il 21 giugno 1963) ad annullare qualsiasi restrizione al sereno svolgimento del ministero sacerdotale da parte del frate. Paolo VI nutriva una profonda stima e devozione nei confronti di Padre Pio, e più volte lo aveva dimostrato.

Per questo non destò eccessiva meraviglia la notizia, che si sparse nel febbraio del 1967, di una sua visita al frate dalle stimmate. Io fui tra i primi a raccogliere l'indiscrezione e, con il fotografo Pietro D'Alessandro, mi precipitai a San Giovanni Rotondo, dove realizzai questo servizio per un settimanale.

«Verso le ore ventidue di una fredda serata di febbraio, una grossa auto nera targata SCV si fermò sotto l'ingresso principale della Casa Sollievo della Sofferenza a San Giovanni Rotondo. Data l'ora insolita, il tempo piovigginoso, le strade del paese garganico erano deserte. Dalla nera Mercedes 190 D scese un anziano autista in divisa che, con fare guardingo, si diresse al primo piano del grandioso ospedale costruito con l'obolo dei fedeli di tutto il mondo, per volontà di Padre Pio. Dopo un concitato colloquio con il medico di guardia e una suora, che sembravano in attesa della visita notturna, lo sconosciuto autista ritornò presso l'auto, aprì lo sportello posteriore e aiutò a scendere un prelato che salì le scale dell'ospedale, dove rimase per due ore. Era il visitatore apostolico monsignor Carlo Maccari, giunto direttamente dalla Santa Sede.

Verso mezzanotte, la misteriosa auto imboccò la strada che porta a Monte Sant'Angelo. Lungo il tragitto, per una errata manovra, l'auto uscì fuori strada, rimanendo infossata nella cunetta. Grosso spavento! Dopo una buona mezz'ora di attesa, passò un camion e, grazie alla buona volontà dei due autisti, la macchina fu riportata in strada.

Erano circa le due, quando la Mercedes arrivò nel paese garganico, fermandosi dinanzi al santuario di San Michele Arcangelo, continua meta di pellegrini che sin dai remoti tempi giungono da ogni parte d'Italia e del mondo.

Quali i motivi della notturna visita al santuario di San Michele da parte di un visitatore apostolico? Sono dovuti trascorrere alcuni giorni per conoscere la verità dell'inaspettata visita di monsignor Maccari a San Giovanni Rotondo. L'avvenimento che si prepara è davvero eccezionale: Paolo VI verrà a San Giovanni Rotondo e si incontrerà con Padre Pio. La venuta del visitatore apostolico è servita a studiare il tragitto che farà il Papa sul Gargano e ad evitare ogni ostacolo che può sorgere per una così importante e delicata visita.

Oggi, è un fatto ormai noto, Padre Pio gode della stima di Paolo VI che, quando era arcivescovo di Milano e maggiormente infuriava la battaglia contro il frate di Pietrelcina, ebbe a scrivergli: "Se dovesse lasciare San Giovanni Rotondo, c'è il mio arcivescovado che è abbastanza ampio per accogliere anche lei". E ora che le condizioni di salute di Padre Pio diventano sempre più precarie, la notizia che il Santo Padre si recherà a San Giovanni Rotondo acquista un sapore particolare. Certamente occorre molta cautela nel diramare la notizia ufficiale del viaggio sul Gargano di Paolo VI. Si sa che la Chiesa è molto prudente in questi casi: un annunzio ufficiale della visita del papa a Padre Pio avallerebbe la sua condizione di "santo vivente" o quanto meno darebbe un crisma ufficiale a una speciale condizione del frate dalle stimmate. Allora si affacciano due ipotesi: o Paolo VI si recherà al santuario di San Michele a Monte Sant'Angelo, come hanno fatto diversi suoi predecessori, e poi, visitando la Casa Sollievo della Sofferenza incontrerebbe Padre Pio, oppure sarà Padre Pio ad andare a riverire il Papa, in occasione della visita al santuario di San Michele.

Per questa seconda ipotesi c'è una difficoltà non facilmente superabile: lo stato di salute di Padre Pio. Ormai il suo fisico è stanco e logorato: il rimanere in piedi anche per pochi minuti gli procura acuti dolori. Per compiere anche un solo passo Padre Pio deve essere aiutato da due suoi confratelli. Un viaggio a Monte Sant'Angelo sarebbe uno sforzo tremendo per il suo fisico; soltanto l'uso di un'autoambulanza potrebbe far fronte a una simile evenienza.

Padre Pio è stato messo al corrente dell'augusta visita: a una iniziale commozione ha fatto seguito un pianto sommesso, accorato.

– Come faccio ad andare a piedi a Monte Sant'Angelo a prostrarmi dinanzi al Papa... e ricevere la sua benedizione... Come faccio? Come faccio? Non posso camminare! O Signore, aiutami tu!

– Padre, ma forse Sua Santità verrà qui da voi, per visitare il nostro ospedale!

– Non è possibile, non sono degno, non sono degno... Io

posso solo pregare per il Santo Padre, affinché la Madonna gli dia la forza di proseguire nella sua missione di pace e ogni giorno è nelle mie preghiere! Ma non sono degno, non sono degno... io sono soltanto un povero essere...

Il viaggio di Paolo VI avrebbe questo tracciato: Roma, autostrada del Sole fino ad Avellino; una sosta ad Ariano Irpino fra i terremotati che abitano sulla statale delle Puglie, all'ingresso del paese; poi Foggia. Da Foggia a Manfredonia e, attraverso un'agevole strada provinciale, circa trenta chilometri, si arriva a San Giovanni Rotondo. In complesso sono sette ore di auto. La visita di Paolo VI sul Gargano avrebbe un effetto straordinario sugli abitanti: gente semplice, attaccata alle proprie tradizioni, che vede in Padre Pio il simbolo della regione.

Hanno annunciato al frate dalle stimmate la probabile visita di Paolo VI il giorno delle Palme. Era nella cella a pregare; gli hanno dato una piccola palma: l'ha baciata a lungo. Il suo volto appariva emaciato, un leggero lamento usciva dalle sue labbra, i mezzi guanti di lana marrone erano impregnati di sangue. Dovette cambiarli per ben quattro volte in mezza giornata. Ogni anno, dal 1918 al 1968, durante la settimana santa, per Padre Pio da Pietrelcina si ripete la «passione». La febbre gli sale paurosamente, un termometro normale salterebbe subito, come si dice in gergo medico. I suoi occhi diventano lucidi, i suoi lamenti sono penosi. Seduto nella sua vecchia poltrona, recita più volte il rosario.

Abbiamo fatto visita a Padre Pio proprio nei giorni antecedenti la Pasqua per sentire dalla viva voce quale fosse il suo vero stato di salute. L'abbiamo avvicinato nella sua cella. Era seduto nell'unica poltrona esistente. La cella è di pochi metri quadrati; entrando, a destra, c'è un piccolo armadio pieno di lettere e offerte; a sinistra un altro armadio anch'esso pieno di lettere e di scatole di medicinali mai utilizzati.

In fondo a sinistra il letto; sulla parete un grande quadro della Madonna delle Grazie e un crocifisso; vicino alla finestra un lavandino. Con noi c'era un frate che ci ha annunciati:

– Padre, ci sono degli amici di Roma.

– E che cosa vogliono da me?

– Salutarvi e ricevere la vostra benedizione.

Senza indugi ci siamo avvicinati a Padre Pio e, genuflessi, gli abbiamo stretto la mano.

– Ah...! Non stringere.

Sul suo volto è apparsa una smorfia di dolore. E noi:

– Scusate, padre, non volevamo farvi male.

– Che cosa vuoi da me? – ha replicato Padre Pio.

– Soltanto salutarvi e avere la vostra benedizione, per sentirmi più vicino a Dio.

– Troppo comodo! Tu devi pregare il Signore, non io per te!

– Ma le mie preghiere sono quelle di un peccatore, non possono essere ascoltate dal Signore.

– Ma che dici? Che dici? Il Signore è vicino a tutti coloro che hanno buona volontà di pregare, e anche a coloro che non pregano perché la misericordia di Dio è infinita.

– Padre, perché quando vi ho stretto la mano avete avuto una contrazione di dolore? È vero che nel periodo prima della Pasqua soffrite di più?

– Ma che vuoi sapere tu? Fuori, fuori, cacciatelo fuori...

E con il gesto della mano indicava la porta. Il frate che era con noi ci prese per un braccio e mentre ci accompagnava diceva:

– Lo hai fatto arrabbiare, lo hai fatto arrabbiare...

Il mattino seguente lo incontrai di nuovo nel corridoio mentre si recava in chiesa e subito mi disse:

– Sempre tu, cosa vuoi da me?

– Padre, vorrei essere perdonato per la mancanza di ieri.

– E che sono io che perdono? – Poi, poggiata la mano sulla mia testa, diceva:

– Eh, benedetti giovani!

Rincuorato replicai:

– Padre, noi giornalisti a volte diventiamo sfacciati, ma i lettori vogliono sapere tante cose e noi dobbiamo accontentarli...

– Scrivendo tante bugie... come fai tu.

Siamo rimasti fermi nel corridoio a guardare il frate dalle stimmate che si allontanava sorretto da due confratelli. Abbiamo sentito lo strusciare dei suoi sandali sul vecchio pavimento e i frequenti colpi di tosse; lo abbiamo visto scendere a fatica le scale che portano alla chiesa: ogni gradino una sosta.

Lo abbiamo rivisto più tardi nel nuovo umile soggiorno attiguo alla sua cella. Erano le ore dieci; vicino al frate il suo medico curante, il professor Sala. Padre Pio appariva stanchissimo. Facendoci coraggio, abbiamo chiesto:

– Padre, come vi sentite?

– E a te cosa interessa? Non sei mica il medico!

Il professor Sala sorridendo mi viene in aiuto:

– Padre, questi giornalisti vogliono sapere tutto... bisogna capirli.

Forte dell'appoggio del professor Sala, mi riprendo e dico:

– Padre, sapete che sono nato nella casa dove ha abitato un santo?

– E chi è?

– San Gerardo Maiella, tanto venerato a Materdomini, in provincia di Avellino. Io sono nato a Lacedonia, nella casa dove visse per molti anni san Gerardo Maiella, operando miracoli.

– E che vuoi dire con ciò... che ti senti più sicuro?

– No, padre... Voglio dire che è bello abitare dove è vissuto un santo, ma è ancora più bello parlare con un santo...

– Vattene, vattene fuori.

Questa volta il suo scatto fu impetuoso, soffocato dalla tosse; mentre il professor Sala cercava di calmarlo, io mi allontanavo sempre più. In seguito, il professor Sala, che visita Padre Pio ogni mattina alle nove, ci ha detto:

– È un paziente difficilissimo, ma sono molto contento di assisterlo.

Abbiamo incontrato il professor Sala nel suo ufficio di sindaco di San Giovanni Rotondo. È un uomo cordiale, affabile, conosciutissimo e molto stimato. Gli abbiamo chiesto:

– Professore, come mai ha accettato di diventare sindaco di San Giovanni Rotondo?

– È stato Padre Pio che ha dato l'assenso per la mia candidatura nella lista della DC. Molti amici mi avevano invitato a entrare nella lista della DC per cercare di estromettere dal comune i comunisti, al potere da molti anni. Non ho mai fatto politica. Dopo molte insistenze degli amici, chiesi a Padre Pio se dovevo accettare la candidatura. Padre Pio mi disse: «Mettiti in lista e sceglì uomini buoni». E ora eccomi qui.

Il professor Sala è nato a Merate (Como), e abita con la sua famiglia a San Giovanni Rotondo da quando Padre Pio operò un «miracolo» sul suo secondo figlio Paolo. È il professor Sala che parla:

«È la prima volta che racconto perché sono venuto a San Giovanni Rotondo. Nel 1955 avevo mio figlio Paolo gravemente ammalato: temevo per la sua vita. Disperato, venni da Padre Pio per invocare la sua preghiera. E il buon frate mi disse: "Sta tranquillo, tuo figlio guarirà e sarà il più vivace di tutti. Però rimani qui a San Giovanni: la clinica ha tanto bisogno di medici". Dopo qualche giorno,

Paolo non presentava più i sintomi del suo male. Come medico non riuscivo a trovare una spiegazione scientifica plausibile e credetti nel miracolo. Il difficile era convincere mia moglie a trasferirsi al Sud. Dopo qualche discussione, prendemmo la decisione. Ora siamo qui da undici anni e mia moglie è felicissima.

Chiamo Padre Pio "padre spirituale" – prosegue il professor Sala – e lo visito ogni giorno. Le domande sono sempre le stesse: "Come va la tosse?", "Si sente bene?", "Questa notte ha dormito?". Anche le risposte sono sempre le stesse e mai rispondenti al vero. Tanto, io so che Padre Pio non dorme, che se gli consiglio una medicina non la prende, che ogni malattia per lui è una gioia mandatagli dal cielo. Qualche volta ha accusato un forte mal di testa o dolori reumatici, ma sono sicuro che lo ha fatto per rendermi un piacere, in modo che potessi consigliare qualche terapia. Padre Pio è affetto da bronchite catarrale. L'artritismo acuto di questi ultimi tempi lo costringe a stare sempre seduto; ogni passo è una fatica, un dolore.

Abbiamo chiesto al professor Sala se la vita che conduce Padre Pio e i mali che lo affliggono possono essere sopportati facilmente da un uomo normale. Così ci ha risposto:

– È assurdo che un uomo di ottant'anni possa condurre una vita simile a quella di Padre Pio. Una vita intensa, logorante; un fisico che sopporta inspiegabilmente tanti dolori. Padre Pio non mangia niente o quasi. Per obbedienza alla regola prima sedeva con i confratelli alla mensa del convento assaggiando un po' di minestra calda e un pezzo di focaccia di patate. Ora, da quando rimane in cella, il vassoio col suo frugale pasto entra ed esce intatto.

Anche se Padre Pio è malato, continuano ad arrivare umili pellegrini, scienziati, uomini politici, industriali per vederlo, per sentire il conforto di una sua parola, ma diventa sempre più difficile perché il padre non ha più l'energia di una volta. Ora dedica molto tempo alla preghiera; la sua vita è un continuo contatto con il Signore.

Durante la nostra visita avevamo sentito parlare di una cripta che era in via di costruzione, dove dovranno riposare le spoglie mortali di Padre Pio. Si poneva il problema del nostro ingresso nella cripta della chiesa di Santa Maria delle Grazie; se ne parlava, ma nessuno l'aveva mai vista. Se avessimo accennato della cosa ai frati, avremmo avuto un netto rifiuto. Abbiamo allora escogitato un piccolo stratagemma. Dato che per qualsiasi lavoro murario necessita una denunzia all'ufficio delle imposte di consumo, ci siamo rivolti al locale direttore, il dottor Nunzio Conte, che ci ha mostrato la lettera di denunzia del padre guardiano del convento dei cappuccini per lavori da eseguire senza specificare quali. Con la scusa di eseguire un sopralluogo, siamo entrati nel convento con il direttore del dazio, la macchina fotografica ben nascosta e un fascio di cartelle sotto il braccio. L'innocente fraticello, che ci ha accompagnati nella cripta, non pensava minimamente che fossimo giornalisti.

Un giorno Padre Pio rivolgendosi a un confratello ebbe a dire sorridendo: “Ma guarda dove vogliono mettermi! Mi hanno preparato già la tomba”. Forse il buon padre cappuccino avrebbe voluto essere sepolto vicino ai suoi amati genitori nel piccolo cimitero di San Giovanni Rotondo. Ma per Padre Pio bisognava trovare una sistemazione nella chiesa dove ha celebrato le sue «interminabili, mistiche» sante Messe. Non avrà nemmeno l'ardire di chiedere di essere sepolto in altro luogo: la regola francescana che lo ha guidato per tutta la vita gli vieta di chiederlo.

Dopo gli elogi di papa Pio XII, che si congratula con lui per il “lavoro ispirato al più puro senso di carità evangelica”, oggi Padre Pio gode della stima di papa Paolo VI. La visita del papa a San Giovanni rappresenterebbe per il frate dalle stimmate il coronamento della sua umile esistenza, fatta di preghiera e di carità cristiana. Ma nell'animo di Padre Pio tumultuano tanti pensieri, da quando ha appreso la notizia. Come può il Papa incontrarsi con lui, povero frate? Cosa potrà dire al Santo Padre se non inchinarsi e baciargli la mano?

“Io non sono degno... non sono degno...”, esclama il frate del Gargano».

26

L'INCONTRO CON ALDO MORO

Sono andato tante volte da solo a far visita a Padre Pio, ma spesso ero in compagnia di qualche amico, mio e soprattutto del frate. Dei tanti amici, ricordo con nostalgia monsignor Renato Luisi, vescovo di Bovino in provincia di Foggia: un sacerdote di grande cultura e umanità, ricco di iniziative e sempre disponibile verso tutti.

Don Renato, come in tutta la diocesi era conosciuto, è stato insegnante di religione presso l'unico liceo-ginnasio di Foggia, il «Vincenzo Lanza», che, fra gli altri, ha avuto come capo d'Istituto il professor Armando Regina («educatore di discoli e forgiatore di uomini»), nipote del poeta irpino Pietro Paolo Parzanese e preside quando io frequentavo quella scuola.

Qualche volta, accompagnavo don Renato a San Giovanni Rotondo per incontrare Padre Pio. Ricordo che una volta, era il 1963, mentre eravamo con Padre Pio, io raccontai alcune marachelle scolastiche che trovavano nell'ora di religione una maggiore tolleranza. E Padre Pio: «E quella volta che don Renato ti cacciò? Eretico che non sei altro!». Allibito, guardai don Renato e mi venne in mente l'episodio che mi era costato l'allontanamento dall'aula. I fatti si svolsero così: don Renato stava spiegando, durante l'ora di religione, il valore della missione di Gesù, il suo amore per l'umanità, l'amore per il prossimo, e il sacrificio finale della crocifissione per redimere gli uomini. Io gli rivolsi una domanda un po' impertinente: «Ma se Gesù che era onnipotente si è sacrificato fino alla morte per gli uomini, è segno che anche lui ha bisogno degli uomini?». Non lo avessi mai detto! Vidi alzarsi la mano di don Renato che, indicandomi la porta, con voce ferma, gridò: «Esci fuori...». A testa bassa, uscii dall'aula stupito della reazione così negativa.

Rivolgendomi a Padre Pio, confermai l'episodio, e, sorridendo, dissi a don Renato: «Con Padre Pio, penso che non sarei stato cacciato via...». Ed il frate: «Be', questa volta ti caccio via anch'io perché mi stai facendo perdere tempo prezioso per le mie preghiere».

Il ricordo di don Renato, scomparso di recente a Foggia, è legato anche alla sua profonda amicizia con Aldo Moro, col quale aveva continui contatti e una ricca corrispondenza. Si conobbero durante gli incontri alla Fuci, la federazione dei giovani universitari cattolici, dove don Renato svolgeva il ruolo, oltre che di padre spirituale, di amico e di confidente di tanti giovani che si andavano formando alla vita politica e pubblica. Ricordo che ogniqualvolta don Renato veniva a Roma, specialmente durante la permanenza di Moro a Palazzo Chigi come Capo del Governo, lo accompagnavo io, anche nella mia veste di consigliere comunale di Foggia eletto nelle liste della DC nel 1966, e poi di assessore dal 1971. A riceverci era sempre il fedele segretario particolare dell'onorevole Moro, Tommaso Leucadito, che con simpatico accento barese ci intratteneva su avvenimenti locali.

Gli incontri con Moro erano sempre improntati alla più schietta amicizia e cordialità, e si notava in don Renato l'orgoglio di aver avuto fra i suoi «fucini» un uomo di così alto valore da aver raggiunto i vertici dello Stato. Anche Aldo Moro, sempre cortese, pur nella sua proverbiale riservatezza, si scioglieva un po' nel ricordo degli anni giovanili. Anche Aldo Moro incontrò Padre Pio. Era il 15 maggio 1968 e, oltre ai suoi più stretti collaboratori, c'ero anch'io. Padre Pio, si sa, nutriva poca simpatia per gli uomini politici, diventando piuttosto severo quando erano al suo cospetto. Ma verso Aldo Moro mostrava un grande rispetto, oltre che per la stima di cui era circondato, per il suo profondo sentimento di umanità e di alta spiritualità. Moro, secondo me, viveva in un ambiente che in qualche modo gli era estraneo. Pur facendo il politico con realismo e coscienza professionale si ostinava a immaginare un mondo fatto di serenità e di giustizia, senza il travaglio dei tanti problemi esistenziali e l'odio organizzato e la violenza cieca. Ha pagato, purtroppo, il tributo più alto e più drammatico per un uomo della sua statura morale. Ma il suo insegnamento e la sua dirittura di vita segneranno ancora per molto tempo la nostra epoca e resteranno nella democrazia come ricordo perenne.

Ritornando all'incontro con Padre Pio, fu molto cordiale. Lui faceva domande del tipo: «Quante volte preghi nostro Signore durante la giornata?». Poi per alcuni minuti, i due si appartarono e, naturalmente, non si conosce cosa si dissero da soli.

Qualcuno ha riferito che Padre Pio avrebbe fatto a Moro una profezia purtroppo verificatasi con tragica puntualità. lo ricordo, solo, in maniera ben chiara, il volto di Padre Pio quando si volse a guardare Moro mentre si allontanava: aveva lo sguardo di chi è turbato e affettuoso insieme come quando si saluta un vecchio e caro amico, forse per l'ultima volta.

27

GLI ULTIMI ANNI DI PADRE PIO

Ho seguito con attenta partecipazione tutte le vicende del frate dalle stimmate, specialmente nei suoi ultimi anni a motivo della sua malferma salute. Tra gli articoli scritti in quei periodi, ne riporto alcuni che mi sembrano particolarmente significativi. Il primo risale al 30 maggio del 1964:

«Ore di ansia si stanno vivendo a San Giovanni Rotondo per la salute di Padre Pio. Il "santo del Gargano" è di nuovo prigioniero del male nel lettino della sua cella, sorridente per forza di volontà e per non allarmare i frati che lo assistono, con il viso imperlato di sudore e il corpo protetto da una pesante coperta di lana: ogni tanto emette qualche gemito, subito però soffocato dal suo proposito di soffrire in silenzio.

"Padre Pio – gli ha detto un frate – ma voi soffrite tanto, volete essere ricoverato nella Casa Sollievo della Sofferenza, dove troverete più assistenza?". E Padre Pio, sillabando a fatica: “Soffrire?! Ma io non soffro, sono tanto felice, sto implorando la Madonna affinché mi dia la forza di pregare ancora con tanto ardore, per la nostra umanità sofferente! L’umanità, questa sì che soffre!”.

Tutto è successo all’improvviso, nel pomeriggio di mercoledì scorso. Ritiratosi nella sua cella, dopo l’ora di pranzo, come è solito fare, non è più uscito per celebrare le funzioni vespertine. In un primo momento i frati hanno pensato si trattasse di un ritardo; poi, però, constatato che il tempo passava senza che Padre Pio apparisse sulla soglia della cella, si sono fatti coraggio e hanno bussato con discrezione. Nessuna risposta è venuta dall’interno. Quando i frati si son decisi a entrare, trovarono Padre Pio riverso sul letto che si contorceva emettendo lievi lamenti. I poveri frati, dopo qualche attimo di smarrimento, si sono precipitati in suo aiuto, sollevandolo fra le braccia, e disponendolo in posizione supina. Alla loro vista Padre Pio si è rincuorato e ha sorriso.

“Padre Pio, ma cosa vi è successo? Vi sentite male? Dio mio, parlate, non lasciateci in pena!”. E Padre Pio: “State calmi, non vi preoccupate, non è niente; sono stato assalito da qualche dolore allo stomaco, o forse in qualche altro posto, e non ho avuto la forza di camminare”. Mentre pronunciava queste parole, un frate correva a chiamare un medico alla Casa Sollievo della Sofferenza.

Anche al medico, più tardi, Padre Pio ha sorriso bonariamente, dicendogli che ogni malattia deve avere il suo decorso, e che tutto sarebbe passato durante la notte. E invece durante la notte il male non è passato. L'infermo non trovava pace nel letto, si voltava in continuazione, quasi a cercare, in una posizione diversa, un poco di sollievo. Soltanto verso le quattro, placati i dolori, si è assopito. Intanto la piazza antistante il convento di Santa Maria delle Grazie si riempiva di auto e pullman, giunti da ogni parte d'Italia per la festa del Corpus Domini. Migliaia di persone attendevano con ansia la Messa di Padre Pio. Ma i minuti passavano senza che il frate si facesse vedere. Alle cinque un cappuccino lo ha sostituito all'altare. La delusione dei fedeli si univa all'apprensione. Cosa era successo? Ma nessuno sapeva ufficialmente niente, nessuno diceva niente. Soltanto più tardi, quando moltissimi fedeli si portavano sotto la finestra di Padre Pio e nella luce accesa vedevano stagliarsi sagome di persone indaffarate, la verità correva di bocca in bocca, naturalmente deformata, esagerata, distorta.

Padre Pio era a letto ammalato. Silenziosamente, sotto una pioggia incessante, tutti hanno allora pregato a lungo per la sua salute. Le ore passavano e altre auto giungevano a San Giovanni Rotondo. La festa del Corpus Domini, per i devoti di Padre Pio, è la festa più grande che possa essere celebrata dal loro "santo vivente". È la festa del Corpo del Signore, dell'ostia consacrata tanto cara a Padre Pio che, ogni giorno, all'elevazione, contempla in una situazione di estasi, con gli occhi che emanano una strana, mistica luce. La festa del Corpus Domini è per Padre Pio, dicono i fedeli, la sua festa! La Messa in questo giorno dura di più, molto di più. Padre Pio rimane fermo, con l'ostia fra le mani e lo sguardo assorto, per minuti e minuti: il suo pesante corpo preme sulle stimmate dei piedi, producendogli dolori atroci, che egli non sente, o accetta con gioia. Quest'anno, però, non ha potuto rinnovare il rito della sua penitenziale preghiera. È stato costretto a soffrire nel suo piccolo letto.

Proprio nel pomeriggio del Corpus Domini, mentre una folla strabocchevole sperava di vedere Padre Pio, almeno durante le funzioni vespertine, noi eravamo invece vicino la sua cella, e lo abbiamo scorto nel suo lettino, mentre si contorceva in preda a tremendi dolori. Lo abbiamo visto con il volto sofferente, gli occhi socchiusi; sul comodino vicino al letto, una bottiglia d'acqua, un bicchiere, un termometro e qualche scatola di medicinale. Sostavamo dinanzi l'ingresso della cella. Le parole ci giungevano distinte. Quelle che abbiamo riferito all'inizio erano pronunziate a fatica, lentamente, con voce flebile. Abbiamo visto un giovane fraticello uscire dalla cella piangendo. "No, Padre Pio, non dovete lasciarci, abbiamo ancora tanto bisogno di voi e delle vostre preghiere!", aveva detto singhiozzando.

Abbiamo avuto la fortuna di vedere Padre Pio da vicino mediante uno stratagemma. Eravamo stati informati della sua malattia durante la notte di mercoledì e, arrivati a San Giovanni Rotondo, dopo una lunga e snervante attesa all'ingresso del convento, profittando del cattivo tempo, per cui nessuno ci notava, ci siamo accodati a un medico che stava entrando frettolosamente. I frati di guardia ci hanno scambiato per degli infermieri. Ecco perché possiamo essere i primi a informare i lettori sulle allarmanti condizioni di Padre Pio.

Sulla natura del male ci è dato, tuttavia, di sapere ben poco. Tutti sono chiusi in un ermetico e comprensibile silenzio. Padre Pio, però, dovrebbe soffrire allo stomaco: lo abbiamo più volte notato nell'atto di comprimersi, come per calmare il dolore, la parte addominale. I medici non sembrano eccessivamente preoccupati, anche perché il paziente non presenta sintomi di febbre. Tuttavia c'è da tener presente che Padre Pio ha settantasette anni e che il suo organismo, oltre che dall'età, è minato dalle continue privazioni».

In quell'occasione i medici avevano ragione a non essere eccessivamente preoccupati. Padre Pio, infatti, si riprese. Ma la sua salute era ormai malferma, e le crisi preoccupanti si ripetevano con frequenza. Ecco quanto scrissi in occasione di una sua malattia nell'aprile del 1965:

«Ore di trepidazione a San Giovanni Rotondo. Di Padre Pio malato trapelano soltanto notizie vaghe e confuse, ma tutte allarmanti. Dall'America è annunciato l'arrivo del professor Cassano, direttore della clinica di patologia medica dell'università di Roma, che si trova attualmente negli Stati Uniti come medico personale del presidente del Consiglio Aldo Moro: è stato raggiunto oltreoceano da una telefonata prenotata da San Giovanni Rotondo, e ha assicurato che domenica mattina sarà senz'altro al capezzale dell'infermo.

Il paese è pieno di fedeli giunti da ogni parte d'Italia: ognuno prega, molti piangono, tutti sono tristi in volto.

Purtroppo, come abbiamo potuto constatare di persona, questa trepidazione è giustificata. Siamo entrati nel convento, ci siamo avvicinati alla cella del malato, abbiamo parlato con i frati che lo assistono, abbiamo incontrato i medici che lo curano, abbiamo, soprattutto, raccolto la testimonianza più inquietante: per la prima volta Padre Pio è in uno stato di grande prostrazione psicologica. Ma procediamo con ordine. Da Napoli è arrivato, nel pomeriggio di ieri, il professor Puntoni. Il clinico – al contrario di quel che era stato detto in un primo momento – non ha nascosto le sue preoccupazioni: nel corso di una lunga, accurata visita ha trovato Padre Pio molto abbattuto, fisicamente e moralmente, ha constatato disturbi alla circolazione in conseguenza della tromboflebite che lo affligge, un alto e persistente moto febbrile, frequenti "vampe" di rossore al volto, ha lamentato che sia stato fatto abbondante uso di sedativi, ha ordinato riposo assoluto per alcuni giorni.

Le condizioni di salute di Padre Pio cominciarono a destare qualche preoccupazione perché, celebrata la Messa, il cappuccino pregò i confratelli di accompagnarlo subito in cella. Quel giorno rimase sempre a letto e l'indomani riuscì a celebrare la Messa con grande sforzo. I frati l'avevano supplicato inutilmente di non affaticarsi, ma Padre

Pio aveva risposto, con fraterno e accorato rimprovero: “Vi preoccupate della mia salute e non di quella del mondo intero! Chi prega, chi prega il Signore?”.

La sua pur forte fibra non ha resistito alla tensione fisica di quel giorno. I suoi settantotto anni, i suoi acciacchi, soprattutto il sangue che continua a perdere dalle stimmate non gli consentono di abusare delle sue forze residue. E quando l’altra mattina un frate andò nella sua cella per accertarsi del suo stato, Padre Pio, con un leggero sorriso sulle labbra, disse: “Questa mattina verrà Gesù Cristo da me! Pazienza! Non mi sento di andare io sul suo altare...”. E il confuso fraticello non seppe far altro che avvisare preoccupato il responsabile della comunità il quale si precipitò nell’angusta cella e poco dopo somministrò la comunione al malato. Padre Pio, dopo aver ricevuto il sacramento, pregò e pianse a lungo, sommessamente.

Anche oggi, naturalmente, Padre Pio non ha celebrato la Messa, né ha confessato i fedeli: gli è stato proibito dai medici di ricevere qualsiasi visita, di affrontare qualsiasi fatica, soprattutto qualsiasi emozione. Sono ormai parecchi giorni che i fedeli attendono ansiosamente ma inutilmente la consueta e mattutina apparizione sull’altar maggiore, quando Padre Pio scende a “dir Messa” per il grande spettacolo mistico di un rito che dura ore e che l’officiante vive con uno sconvolgente trasporto.

Il più assoluto riserbo protegge ancora una volta il convento, ma questa riservatezza, anziché imbrigliarla, fa galoppare la fantasia e, con la fantasia, anche i sospetti, fa ingigantire le apprensioni, alimenta dubbi esagerati. Sono molte, sono troppe le voci che corrono per raccoglierle tutte. E sono, spesso, voci contraddittorie. Ieri, ad esempio, un anonimo, evidentemente interessato a diffondere ottimismo, aveva fatto sapere in giro che Padre Pio aveva detto: "Non preoccupatevi per me, ché tanto sino a novant'anni camperò". Oggi, un altro anonimo, ha diffuso una "voce" opposta. Padre Pio avrebbe detto: "È ora che il Signore mi chiami; non posso più aiutare i miei fratelli".

Purtroppo, tra le due, è più vicina alla realtà quest'ultima "voce".

Non possiamo attestare che la frase pronunciata da Padre Pio sia stata esattamente quella, ma, come abbiamo accennato, siamo riusciti a penetrare nel convento e ne siamo usciti con la convinzione che quella esclamazione sconsolata corrisponde al suo stato d'animo.

Entrati nel monastero, siamo riusciti a portarci nel corridoio dove sono allineate le celle dei frati e dove a nessun "estraneo" è consentito di accedere. Con molta circospezione ci siamo avvicinati il più possibile all'ingresso della cella di Padre Pio, nella speranza di scorgerlo o di carpire qualche notizia, qualche impressione diretta. A un tratto, abbiamo visto un frate, uno dei cappuccini a lui particolarmente devoto, che usciva dalla cella piangendo. Gli siamo andati incontro ed egli, singhiozzando, ci ha detto: "Povero Padre Pio, non ha mai sofferto così! L'ho confortato dicendo che tutti pregano per lui, per la sua completa guarigione, e mi ha risposto di pregare per la sua morte, perché ormai è stanco di vivere...".

La cosa che più ha impressionato il fraticello è stato lo scoraggiamento che ha ridotto Padre Pio, sin dall'insorgere del male, in un abbattimento morale mai notato prima di ora. I frati erano abituati a vedere il loro confratello anche se a letto malato, come spesso accadeva, sempre sorridente, a volte persino scherzoso. Ora, invece, è sconsolato. Questa mattina ha detto: "Pregate, pregate per questa umanità che non sa come cammina, e dove va... Guardo innanzi a me e provo tanto dolore! Oh Signore, illumina la coscienza dei popoli, e guidali verso la pace e verso la fede".

Questo, di cui abbiamo sino ad ora parlato, è ciò che addolora. Resta da parlare di ciò che stupisce. Tutti coloro che hanno seguito la campagna del nostro giornale sanno delle poco edificanti vicende, dei retroscena, della lotta di interessi e di rancore che stanno dietro il "caso di Padre Pio". Ebbene, anche in questa dolorosissima circostanza, questi interessi e questi rancori rispuntano e si scontrano.

Nei giorni scorsi si è già accennato a un particolare che dava adito a molte perplessità: nonostante che a San Giovanni Rotondo, e proprio per merito di Padre Pio, sorga uno dei più moderni, efficienti e attrezzati ospedali del Meridione, non era stato consentito ai sanitari della Casa Sollievo della Sofferenza di assistere, come sempre avevano fatto prima, l'infermo nel decorso del suo male.

Al suo capezzale era stato chiamato soltanto un medico a suo tempo licenziato dall'amministrazione del grande ospedale e, solo in seguito, veniva convocato da Napoli il professor Puntoni. Eppure la Casa Sollievo della Sofferenza dispone di sette primari e di trentaquattro medici, tutti, oltre che di esperienza collaudata, anche devoti del frate dalle stimmate, un malato estremamente "sui generis".

Oggi, questo stato d'incomprensibile tensione è sfociato in un episodio che non contribuisce certo a rasserenare l'ambiente.

Il professor Franco Lotti, primario medico della Casa Sollievo della Sofferenza, dopo avere chiesto invano di poter visitare il malato, è riuscito a penetrare nel monastero e ad avvicinarsi egualmente alla cella di Padre Pio. Il guardiano del convento, padre Carmelo, ha tentato di impedirgli l'accesso ma, durante la vivace discussione che ne è nata, Padre Pio, nel concitato battibecco che veniva dal corridoio, ha riconosciuto la voce del suo vecchio amico (il professor Lotti, quand'era aiuto del professor Savioli di Bologna, fu il primo medico che rispose all'appello di Padre Pio e si trasferì a San Giovanni Rotondo), lo ha chiamato con un filo di voce e lo ha voluto vicino a sé, lo ha abbracciato con grande effusione e si è accomiatato da lui tra i singhiozzi.

Perché non sia consentito al professor Lotti e agli altri medici della clinica di Padre Pio di assistere l'infermo è certo una cosa di difficile comprensione. Ma tant'è.

La convocazione del professor Cassano, comunque, è nata dopo questo episodio. Il professor Lotti, di ritorno dal convento, ha convocato in assemblea tutti i medici suoi collaboratori, i quali, appunto, hanno deciso di telefonare in America per chiedere l'intervento dell'illustre clinico. Il professor Cassano, che, insieme con il professor Valdoni, è uno dei consulenti della Casa Sollievo della Sofferenza, ha assicurato, come abbiamo accennato, che sicuramente sarà a San Giovanni Rotondo domenica mattina. Medico personale del Presidente del Consiglio, che gli ha chiesto di accompagnarlo nella sua visita ufficiale negli Stati Uniti, il professor Cassano è un patologo di grande fama internazionale.

È inutile dire con quanta ansia sia atteso questo arrivo».

Ma anche in quell'occasione Padre Pio si riprese. La sua salute restava malferma, frequentemente aveva dei malesseri, ma, grazie anche all'arrivo della bella stagione, ebbe un certo periodo di benessere fisico. Almeno durante l'estate poté trascorrere le sue giornate in modo consueto.

28

L'ULTIMA PASQUA

Una ventina di giorni prima dell'incontro con Aldo Moro, Padre Pio fu sul punto di morire. Avutane notizia, mi precipitai, al solito, a San Giovanni Rotondo, con tanta ansia e amarezza dentro, come sempre mi capitava quando dovevo occuparmi del frate a causa delle sue malattie. Quella volta l'articolo era per il settimanale *Gente*.

Padre Pio da Pietrelcina è stato per tre giorni tra la vita e la morte. Ha cominciato a sentirsi male il 7 aprile 1968, domenica delle Palme, e si è ripreso soltanto mercoledì 10. Il giorno dopo, giovedì santo, è rimasto quasi sempre seduto sul letto della sua cella a recitare il rosario. Dicendo «letto», in realtà, si fa troppo onore al suo giaciglio, che è appena appena una misera brandina. Sebbene ogni anno, durante la settimana di passione, il frate dalle stimmate soffra come non mai, e dalle ferite delle sue mani il sangue sgorghi più copioso, nei giorni scorsi i medici curanti hanno nutrito gravissime preoccupazioni. Padre Pio appariva letteralmente prostrato, i suoi occhi non erano più penetranti come un tempo, la sua fibra fortissima pareva molto vicina al collasso fatale. Il religioso soffriva di bronchite, ma stavolta non si trattava nemmeno di una recrudescenza dell'affezione alle vie respiratorie: si trattava di un male più serio e meno spiegabile da un punto di vista medico; diremmo, se non temessimo di essere fraintesi, un male misterioso.

Da anni conosciamo Padre Pio, ma mai, come nei giorni scorsi, il suo calvario ci è apparso più dolente. Egli ha già un'età veneranda (il 25 maggio compirà ottantun'anni), ad ogni cambiamento di stagione la sua asma e i suoi bronchi tornano a procurargli seri fastidi, i suoi piedi piagati non gli permettono quasi di camminare; per uscire dalla sua cella e recarsi in confessionale o all'altare per celebrare la Messa deve essere portato di peso dai suoi confratelli. La recente Pasqua è stata per lui motivo insieme di gioiosa serenità e di sofferenze che pochi altri uomini riuscirebbero a sopportare con altrettanta forza d'animo. Tra la domenica delle Palme e il mercoledì successivo, i medici curanti si sono susseguiti nella piccola cella del «santo del Gargano», mentre nel letto, immobile, fissava il quadro della Madonna della Purità che gli sta di fronte. Padre Pio, durante il suo recentissimo male, non ha proferito parola; alle affettuose domande dei medici, che cercavano di capire il suo male, rispondeva con un velato sorriso o chiudendo gli occhi. Per più di una volta ha gridato: «Lasciatemi pregare in pace il

Signore! La santa Pasqua è vicina e l'umanità ha bisogno di tante preghiere».

In questi tre lunghi giorni, come al solito non ha toccato cibo; soltanto una volta, di notte, ha mormorato: «Ho sete». Il frate che era con lui si è precipitato a porgergli un bicchiere d'acqua, ma Padre Pio, guardandolo paternamente ha esclamato: «Come? Anche nostro Signore aveva tanta sete sulla croce e gli diedero una spugna imbevuta d'aceto. Perché io dovrei bere acqua?». Così Padre Pio si è preparato alla Pasqua; buttato nel suo letto, una vecchia e nuda brandina, tormentato da un male che la scienza medica non è riuscita a individuare, con la carne martoriata da una febbre altissima, un'arsura rovente, il corpo pieno di lancinanti dolori, e le preghiere.

Succedeva sempre così, anche gli altri anni. Durante i giorni che ricordano la passione di Cristo il religioso cade in uno stato di grande prostrazione spirituale e fisica: le stimmate gli si aprono ancora di più, il sangue impregna rapidamente i mezzi guanti di lana che da sempre gli fasciano le mani, i piedi si gonfiano paurosamente. Ogni anno, però, è felice di tributare al Signore le sue sofferenze, nel periodo in cui l'umanità cristiana rinnovella il sacrificio di Cristo. Ma quest'anno l'improvviso male misterioso lo ha spossato oltre misura.

Siamo stati da Padre Pio il giorno del venerdì santo, il giorno in cui il suo dolore varca i limiti della umana sopportazione. Per tutta la notte precedente egli aveva pregato in cella, seduto sul suo giaciglio. Per decine di volte il frate che era con lui gli ha cambiato i guanti e ha asciugato il rosario, sporco di sangue e di sudore. Abbiamo visto un altro Padre Pio. Il volto emaciato, scarno, la barba bianca e i capelli bianchi marcavano ancora di più il suo stato di affaticamento. Per la prima volta abbiamo retto lo sguardo di Padre Pio; lo abbiamo fissato a lungo e per la prima volta i suoi occhi pieni di luce non ci hanno fatto abbassare i nostri! È da anni che andiamo a rendere visita a Padre Pio, e per anni non siamo riusciti a reggere il suo sguardo, indagatore, a volte accusatore. Ora è dinanzi a noi, lo sguardo pieno di luce, ma con una nota in meno. Puoi guardarlo negli occhi provando stupore e profonda dolcezza. Ci siamo inginocchiati davanti a lui e gli abbiamo baciato la mano, senza però toccarla, nel timore di fargli male.

– Che, ti sei tolta l'abitudine di stringere la mano? – ha detto Padre Pio con voce sommessa.

– Solo per questa volta non vi stringo la mano, perché so che il venerdì santo soffrite enormemente.

– Ma tu che ne sai? Che ne sai? Pensi sempre di sapere tutto e non sai niente – risponde Padre Pio con tono quasi seccato; e dicendo queste parole ci appare per un attimo quello di prima, a volte burbero quando si parla delle cose che gli appartengono e si sfiora la sua condizione di uomo soprannaturale.

– Padre, come vi sentite, ho saputo che siete stato poco bene – gli domandiamo riprendendo coraggio.

– Eh, figlio mio, alla mia età come faccio a stare bene!

– Padre, vi auguro di vivere ancora per mille anni: l'umanità ha bisogno delle vostre preghiere. Non vedete quanta gente viene da voi per ricevere una parola di conforto?

– Vorrei tanto pregare il Signore per il bene dell'umanità, ma non dipende da me. Vedi, con le tue domande mi fai perdere tempo e non mi fai pregare il Signore!

– Avete saputo della pace che si sta trattando nel Vietnam? Siete contento?

– Mi domandi se sono contento per la pace nel mondo; lo domandi a me che soffro per la pace? Prego sempre il Signore che illumini gli uomini che sono a capo delle nazioni e dia loro la forza di superare i conflitti con la bontà dei cuori – risponde Padre Pio volgendo gli occhi al cielo.

– Padre, può dire qualche parola per i nostri lettori?

– Che preghino per la pace nel mondo. Che visitino gli ammalati, coloro che soffrono, coloro che stanno in carcere. Dico loro di essere buoni nel nome del Signore e sappiano usare del dono immenso della vita, vivendo in grazia di Dio con la preghiera e le opere buone.

A questo punto un frate gentilmente ci prega di allontanarci per non affaticare Padre Pio. Attraversando il piccolo corridoio del convento notiamo, nella cella accanto a quella di Padre Pio, una nuovissima sedia a rotelle: è la sedia che tre mesi fa gli venne regalata e che, nel desiderio dei frati del piccolo convento di Santa Maria delle Grazie, avrebbe dovuto essere di grande aiuto al frate dalle stimmate, per i suoi quotidiani spostamenti in convento. Il frate però non ha mai voluto salirvi sopra. L'unica volta che vi è stato costretto a forza, si è messo a gridare, scoppiando in un pianto dirotto: «No, non voglio allontanarmi dalla terra; su questa sedia mi sembra di non poter mai toccare la terra!». È stato accontentato e ora, se vuole muoversi, deve essere trasportato a braccia.

Anche per la funzione del sabato santo, pur essendoci una folla immensa ad attendere Padre Pio nella chiesa attigua al convento, sin dalle prime ore del pomeriggio, non ha voluto servirsi della sedia a rotelle che i suoi premurosi confratelli, con molta dolcezza, gli volevano fare usare per non farlo stancare eccessivamente, dovendo la funzione durare un tempo abbastanza lungo.

Proprio il sabato santo, siamo tornati a trovarlo. Era solo, sulla spaziosa veranda che dà nel giardino del convento, seduto su una poltrona di vimini. Aveva nelle mani un fazzoletto bianco, che portava continuamente al viso per asciugarsi il sudore, sebbene la temperatura fosse piuttosto rigida. Mentre il fotografo Antonio Lo Muzio scattava qualche foto, ci siamo inginocchiati e gli abbiamo chiesto la benedizione. E Padre Pio:

– Quante volte ti fai benedire, figlio mio? Ieri eri qui, oggi anche: ma che vai facendo?

Per niente sorpresi, conoscendo certe sue ruvidezze e nello stesso tempo l'infinita bontà del suo cuore, abbiamo risposto:

– Sono sempre felice di vedervi, padre, e di ricevere la vostra benedizione.

– E di farmi le foto e di scrivere sciocchezze su di me...

– Non scrivo sciocchezze, padre; riferisco ciò che io stesso vedo e ciò che altri buoni testimoni dicono di voi.

– Allora sono questi testimoni che dicono sciocchezze – continua Padre Pio guardandoci negli occhi.

– Padre, tempo fa si era parlato di un viaggio di Paolo VI a San Giovanni Rotondo; viaggio che è stato rinviato a causa della malattia che colpì il Papa. Comunque, se questa visita avverrà, lei che dirà?

– Sarebbe troppo bello e io non merito tanto. Io sono un povero fraticello che prega il Signore e desidero solo che il Papa dica qualche preghiera anche per me. Se avessi la forza di farlo, andrei io a Roma per inginocchiarmi davanti a lui. Posso appena pregare, e pregare il Signore affinché conceda al Papa tante grazie!

Mentre il suo sguardo vaga oltre i vetri della veranda, entrano tre frati che invitano Padre Pio a dirigersi con loro nella chiesa perché è ora di iniziare la funzione del sabato santo. Padre Pio è sollevato di peso dalla poltrona di vimini; ogni passo è una smorfia di dolore, i suoi piedi sono gonfi da fare impressione, il suo respiro è affannoso. Pur nella sofferenza che gli fa torcere il viso in continue smorfie di dolore, Padre Pio trova la forza di recitare il rosario. La chiesa è gremita di fedeli giunti da ogni parte del mondo; moltissimi uomini si sono confessati perché sperano di ricevere la comunione dalle mani di Padre Pio. Sono ormai dieci anni che il «santo del Gargano» non dà la comunione, si limita solo a confessare. Sembra che quest'anno abbia deciso di dare la comunione. Difatti, una gran folla fa ressa dinanzi all'altare; Padre Pio, seduto, prende in mano la pisside e, uno per uno, porge ai fedeli commossi l'ostia consacrata. I frati presenti si meravigliano, come mai dopo dieci anni Padre Pio dà la comunione? È veramente questa la Pasqua più bella di Padre Pio? La comunione dura oltre un'ora, tanti sono i fedeli che hanno voluto ricevere proprio dalle mani di Padre Pio l'ostia consacrata. E Padre Pio non dà nessun segno di stanchezza, sul suo volto si legge solo la gioia di chi sa di avere dinanzi tanti cuori pieni di gaudio e di speranza.

Durante la celebrazione della Messa abbiamo attentamente seguito tutte le mosse di Padre Pio. All'elevazione avevamo notato che il suo volto si era illuminato, il suo sguardo si era posato sull'ostia che però era rimasta in alto solo per qualche minuto. Improvvisamente le braccia di Padre Pio sono cadute sull'altare; e pensare che fino a qualche tempo fa, l'elevazione durava anche dieci, venti minuti, e qualche volta anche più: sembrava che Padre Pio parlasse con l'ostia, tale era lo sguardo fisso che lo teneva in contemplazione, quasi trasfigurandolo. Ma oggi, l'estasi mistica è durata solo qualche minuto.

Padre Pio è stanco, le sue membra non reggono il peso degli anni e le sofferenze che lo affliggono. A un certo momento dagli occhi di Padre Pio sono iniziate a sgorgare le lacrime; un pianto sommesso lo ha accompagnato fino al termine della funzione.

29

LA MORTE DI PADRE PIO

Il 20 settembre 1968 si celebrava il cinquantenario dell'apparizione delle stimmate. Padre Pio, dopo aver celebrato la Messa, nonostante stesse male, si affaccia alla finestra della sua cella e benedice i fedeli. La sua mano non riesce ad alzarsi verso l'alto.

Il 21 settembre riceve i suoi gruppi di preghiera e li benedice con commozione. Il giorno dopo alle ore diciotto appare per l'ultima volta alla finestra della sua cella per benedire una folla di fedeli raccolti in preghiera. Sorride, ma il suo volto appare emaciato, stanco; ogni passo è un assalto d'asma, il respiro diventa affannoso. Volgendosi ai suoi confratelli che lo sorreggono esclama: «Fra poco vi toglierò anche il fastidio di accompagnarmi a dire la Messa!». Drammatica profezia; quella sera stessa alle ore ventuno inizia la fine di Padre Pio.

22-23 settembre 1968

Ore 21. Padre Pio è nella sua cella, da qualche ora soltanto, da quando, cioè, dopo la Messa vespertina, ha impartito l'ultima sua benedizione ai figli spirituali dal matroneo della chiesa attigua al convento. Padre Pellegrino, uno dei frati addetti alla sua custodia, prende servizio alle ventuno, entrando nella cella a fianco a quella di Padre Pio.

Ore 21,15. Padre Pio chiama al citofono padre Pellegrino. Gli chiede l'ora. Recita una Ave Maria e chiede di restare solo.

Ore 22. Padre Pellegrino è chiamato di nuovo al citofono da Padre Pio. Sente la voce pesante, affannosa. Si precipita nella cella accanto e trova il frate stigmatizzato con il rosario fra le mani, gli occhi spalancati. Domanda di nuovo l'ora e gli chiede di rimanere vicino a lui, a recitare qualche preghiera.

Ore 23. Padre Pellegrino saluta Padre Pio augurandogli buon riposo e rientra nella sua cella dopo aver spento la piccola lampada del corridoio del convento. Incomincia a nutrire qualche apprensione. Rimane sveglio.

Ore 24. Squilla il citofono nella cella di padre Pellegrino. È sempre Padre Pio. Si precipita di nuovo nella sua cella. Vede il frate con il volto pallidissimo, sente il respiro affannoso. Padre Pio sussurra: – Rimani qui –. Dopo qualche attimo: – Che ora è?

– Sono dieci minuti dopo mezzanotte – risponde padre Pellegrino.

– Uè, guagliò, e ditte a Messa? – (Ehi ragazzo, hai detto Messa?).

– Padre Pio, è ancora presto per celebrare Messa!

– Be', stamattina la dirai per me – incalza Padre Pio con un leggero sorriso.

– Eh sì, lei sa che ogni mattina celebro la santa Messa secondo le sue intenzioni!

Ore 0,20. Padre Pio, volgendosi a padre Pellegrino, chiese di essere confessato. Subito dopo, con voce lenta e affaticata dice:

– Senti, se il Signore mi chiama oggi, chiedi perdono per me ai confratelli, a tutti i figli spirituali per i fastidi che ho loro dato e chiedi a tutti una preghiera per l'anima mia.

A queste parole, dette con accoramento, padre Pellegrino si avvicina ancora di più a Padre Pio, e inginocchiatosi vicino:

– Padre Pio, io penso che il Signore la farà vivere ancora a lungo, ma se dovesse aver ragione lei posso chiederle una benedizione per i confratelli, per tutti i figli spirituali e per i suoi ammalati?

– Sì, sì – risponde Padre Pio – li benedico tutti! Anzi chiedo la carità al superiore che dia questa mia benedizione, in mia vece.

Ore 0,50. Padre Pio, che dava segni di sofferenza nello stare a letto, si volta sul lato destro e chiede di alzarsi. «È meglio che io mi alzi: non riesco a riposare qui a letto». E lo aiutarono a sedersi sulla poltrona poco lontana.

Ore 0,55. «Be', torniamo nella stanza», sussurra quasi Padre Pio. Avvicinatosi a lui per aiutarlo a sollevarsi dalla poltrona, padre Pellegrino non ci riesce. Padre Pio è diventato pesante, sembra un tronco. Le braccia penzolano. È impossibile portarlo di peso.

Ore 1. Il volto di Padre Pio diventa pallidissimo; la fronte si imperla di sudore; il respiro diventa affannoso. Padre Pellegrino gli asciuga il sudore. Pensa ad un attacco d'asma, come era solito averlo Padre Pio. E non si sbaglia perché è lo stesso Padre Pio che, desideroso d'aria gli dice: «Porta la carrozzella fuori!».

Ore 1,10. Padre Pio, spinto sulla sua carrozzella da padre Pellegrino, rientra nella cella. Le sue labbra sono divenute livide, i suoi occhi sembrano colmi di lacrime, la fronte è piena di sudore. Padre Pellegrino, convinto ormai dello stato critico del confratello, sta per avviarsi fuori a chiamare gente. Padre Pio si accorge della manovra e: «Uè, guagliò, non svegliare nessuno!».

Ore 1,15. Accanto a Padre Pio ci sono due confratelli: fra Guglielmo e padre Pellegrino. Quest'ultimo corre a telefonare al professor Sala, sindaco di San Giovanni Rotondo e medico curante del frate, per invitarlo a correre al convento.

Ore 1,25. Padre Pio, seduto sulla poltrona di vimini, recita l'ultimo rosario della sua vita terrena. Monosillaba le parole, ha delle lunghe pause, le dita non scorrono più sul rosario, sono ferme; le uniche parole che si sentono, anche se a stento, sono «Ave Maria...».

Ore 1,30. Arriva il professor Sala e ritiene trattarsi del solito attacco d'asma; prepara una iniezione.

Ore 1,35. Fatta l'iniezione, il professor Sala si accorge che il respiro non migliora e decide di rimettere sulla poltrona Padre Pio. Ma anche così le condizioni del frate non accennano a migliorare. Il respiro è lento, affannoso. Le sue labbra pronunziano in continuazione: «Gesù, Maria, Gesù, Maria!».

Ore 1,41. Tutto il convento è in piedi. Di cella in cella corre la voce della gravità di Padre Pio.

Ore 1,45. Si porta in cella una tazzina di caffè; padre Guglielmo porta un cucchiaino alla bocca di Padre Pio, ma il caffè cola dalle labbra del frate.

Ore 1,50. Padre Pio è in piena lucidità mentale; osserva tutto quello che si svolge intorno a lui, continua a recitare il rosario; le sue labbra sono in movimento.

Ore 2,05. Inizia l'agonia di Padre Pio; i battiti del suo cuore si fanno lentissimi.

Ore 2,09. Padre Paolo somministra al frate dalle stimmate l'olio santo; le labbra di Padre Pio si muovono con le parole: «Gesù, Maria...».

Ore 2,12. Si inizia da parte dei medici un drammatico massaggio cardiaco per strappare alla morte il «santo del Gargano».

Ore 2,15. Continua il massaggio cardiaco; gli occhi di Padre Pio si aprono per un attimo; sarà l'ultima volta.

Ore 2,21. Sono tutti intorno a Padre Pio; lo guardano tutti con gli occhi lucidi; sembra che dorma; il suo volto non denota contrazioni o sofferenza.

Ore 2,25. Il professor Sala prende il polso di Padre Pio; i battiti sono impercettibili.

Ore 2,26. Il capo di Padre Pio reclina leggermente verso l'omero destro; si sente ancora il suo respiro.

Ore 2,27. La corona di Padre Pio scivola a terra. La raccoglie padre Guglielmo.

Ore 2,28. Si ode appena il respiro del frate.

Ore 2,29. La cella è piena di gente. Il silenzio è profondissimo.

Ore 2,30. Un grosso respiro, un rantolo, e il capo di Padre Pio reclina sull'omero destro. Padre Pio è morto. Così muore un «santo».

30

I FUNERALI E LA MANCATA IMBALSAMAZIONE

Le campane del convento di Santa Maria delle Grazie, non appena Padre Pio reclinò il capo con l'ultimo respiro, iniziarono a suonare con lugubri rintocchi. Nel silenzio della notte, tutti gli abitanti di San Giovanni Rotondo furono colti nel sonno dal malinconico annunzio. Di finestra in finestra si udivano le stesse stupite esclamazioni: «È morto Padre Pio». «Il nostro santo non c'è più».

Nel volgere di pochi minuti tutto il paese era illuminato; dalle case si precipitarono i primi fedeli al convento. Alle quattro, il piazzale antistante il convento era pieno di gente che pregava e supplicava di vedere per l'ultima volta il frate stigmatizzato.

Intanto, nella piccola cella numero uno, Padre Pio era stato vestito con una nuova tonaca marrone, una croce sul petto, il rosario fra le mani: sembrava che dormisse.

I telefoni di San Giovanni Rotondo squillavano in

continuazione, con chiamate da ogni angolo d'Italia e del mondo. Tutti volevano sapere, tutti erano addolorati. Da Foggia cominciò ad affluire la forza pubblica: si rendeva necessario arginare l'enorme folla che iniziava a riversarsi al convento.

Si decise di collocare Padre Pio in una bara con il coperchio di cristallo, in modo che fosse visibile a tutti, nella chiesa di Santa Maria delle Grazie.

Anch'io volli vederlo per l'ultima volta; dopo tre ore di fila, riuscii a baciare il vetro della sua bara. Si calcola che oltre centomila persone siano giunte a San Giovanni Rotondo per i funerali del religioso. C'erano quasi tutti i suoi figli spirituali più diretti, i suoi parenti, i fedeli che tante volte lo avevano incontrato e tanti che non lo avevano mai visto da vicino. Scene indescrivibili di commozione, di dolore, di lacrime versate per il frate «santo» del Gargano.

Durante i funerali, durati ore e ore, una pioggia di fiori salutò il passaggio del feretro. Ad ogni passo una sosta: mani che si protendevano verso la bara, baci che venivano lanciati in continuazione. A ogni metro un discorso, una commemorazione: il sindaco professor Sala, lo scienziato Enrico Medi, il superiore del convento padre Carmelo, il superiore generale padre Clementino da Vlissingen e tanti altri. Ognuno ricordava l'opera del frate, ognuno aveva parole di rimpianto per la sua dipartita.

La bara passò anche sotto le finestre della Casa Sollievo della Sofferenza, per l'ultimo saluto ai suoi ammalati, che, dimentichi del loro male, si affacciarono tutti alle finestre, ai balconi, qualcuno sorretto dalle infermiere, per salutare per l'ultima volta il loro grande benefattore.

Le ombre erano già calate su San Giovanni Rotondo, quando la bara di Padre Pio ritornò nella chiesa di Santa Maria delle Grazie, per essere tumulata nella cripta sottostante.

Ora riposa là, fra la sua gente, vicino ai suoi ammalati, in una tomba di marmo nero, riscaldata giorno per giorno da tantissime preghiere di gente che sorretta dalla fede viene a trovare il frate stigmatizzato.

«Pregate, pregate, e fate del bene». Le parole che spesso ripeteva Padre Pio e che ancora oggi, venti anni dopo la sua morte, suonano di sprone per la nostra vita di cristiani impegnati.

La mancata imbalsamazione

Strano destino quello di Padre Pio! Ha fatto del bene a tantissimi, ha dedicato tutta la sua vita agli altri, ha conquistato milioni di cuori in tutto il mondo con il suo esempio e con le sue parole, eppure ha avuto anche dei nemici acerrimi, nemici che hanno continuato ad avversarlo pure dopo la morte. Il caso della sua mancata imbalsamazione ne è un esempio.

Oggi, anziché pregare, nella cripta del convento di Santa Maria delle Grazie, dinanzi a un nero blocco di marmo che racchiude le spoglie di Padre Pio, si sarebbe potuto pregare vedendo il suo volto attraverso un cristallo. Coloro che si recano in pellegrinaggio a San Giovanni Rotondo e che non hanno mai visto in volto Padre Pio avrebbero avuto la possibilità di vederlo così come era in vita. Il retroscena della imbalsamazione di Padre Pio ha degli spunti umanissimi e dei risvolti drammatici.

Appena dopo la morte del frate del Gargano, un suo figlio spirituale, il dottor Antonio Alecce, proprietario di un grosso complesso farmaceutico romano, rivolse una supplica al papa, per essere autorizzato a imbalsamare il corpo di Padre Pio con un procedimento, già sperimentato in tutto il mondo, che non avrebbe richiesto alcuna menomazione fisica. Tra l'altro, il dottor Alecce faceva presente che lo stesso procedimento era stato usato anni addietro per imbalsamare la salma di suo padre, che si conservava in perfetto stato.

Il Papa rispose con una lettera indirizzata al padre generale dei cappuccini, padre Clementino da Vlissingen, nella quale esprimeva il suo compiacimento per la «cristiana pietà» dimostrata nei confronti di Padre Pio, ma rimetteva la decisione finale ai superiori del frate dalle stimmate e ai suoi confratelli.

Forte di questa lettera di Paolo VI, il dottor Alecce si mise in contatto con uno dei più grandi istopatologi italiani, il professor Giovanni Lelli, primario dell'ospedale di San Giovanni in Roma, per studiare il problema della imbalsamazione di Padre Pio a distanza di qualche mese dalla sua morte.

Il professor Lelli era conosciuto in tutto il mondo per aver sperimentato con successo un metodo di imbalsamazione che può avvenire a distanza di sei mesi dalla morte, a condizione che non sia avvenuto il disfacimento del corpo. Il metodo del professor Lelli consiste nell'iniettare in diversi punti del corpo, con capaci iniezioni, il liquido da lui stesso preparato, una speciale sostanza a base di formalina, canfora, antibiotici.

Interessato al problema, il famoso istopatologo si mise al lavoro preparando le sostanze conservative per la delicata operazione di imbalsamazione del corpo di Padre Pio. Nello stesso tempo, veniva informato di tutto il superiore della provincia monastica di Foggia, padre Clemente da Santa Maria in Punta. La notizia doveva essere tenuta segreta fino al compimento della imbalsamazione per non creare commenti pro e contro, ed anche per espresso desiderio del dottor Alecce che non desiderava suscitare scalpore sulla sua iniziativa. E così fu.

Nella notte del 17 novembre del 1968 partirono da Roma il dottor Alecce e il professor Lelli, in una Cadillac color azzurro, mentre in una Mercedes 220 prese posto padre Clemente da Santa Maria in Punta. Obiettivo: San Giovanni Rotondo.

Alle ore sette di quell'annuvolato mattino di novembre, ero lì, naturalmente, sul piazzale antistante il convento di

Santa Maria delle Grazie ad attendere l'arrivo dei «misteriosi» personaggi in compagnia del fotografo che aveva ben nascosta la sua Rolleiflex. Avevo progettato un piano per far parte della comitiva e assistere agli incontri che si sarebbero svolti di lì a poco tra i signori giunti da Roma e i frati del convento. Dopo qualche minuto di attesa giunse la Cadillac; mi affrettai ad aprire lo sportello come se fossi incaricato di fare gli onori di casa al dottor Alecce e al professor Lelli. E così feci anche quando, a breve distanza di tempo, giunse la Mercedes dalla quale discese padre Clemente da Santa Maria in Punta.

Dopo i convenevoli di rito, entrammo tutti nel convento, dove regnava un silenzio profondo: sembrava non ci fosse anima viva. L'aiutante del professor Lelli, intanto, scaricò dal portabagagli dell'auto le enormi fiale del liquido conservativo: circa quindici litri.

Si era in attesa del padre superiore del convento e del professor Sala. Sia l'uno che l'altro dovevano dare l'assenso per l'imbalsamazione: l'uno in quanto gerarchicamente responsabile dell'assenso a simile operazione, l'altro, invece, giuridicamente responsabile come ufficiale sanitario competente della circoscrizione territoriale. I minuti passavano e nessuno si faceva vivo. Padre Clemente da Santa Maria in Punta, preoccupato, iniziava a dare segni di impazienza, avanzando il proposito di rimandare il tutto, o addirittura di non fare niente per non creare polemiche nel convento. I motivi erano di vario genere, primo fra tutti la credenza che il corpo di una persona che muore in concetto di santità non subisce deterioramenti, per cui, all'atto della ricognizione della salma, che avviene quando è iniziato il processo di beatificazione, si debba fare un accertamento dello stato fisico. La storia dei santi, infatti, ci insegna che moltissime salme si sono conservate intatte a diversi anni dalla morte e che questa circostanza ha agevolato molto il processo di beatificazione essendo un elemento in qualche modo probante della santità. Un altro dubbio avanzato da Padre Clemente riguardava le eventuali contestazioni che sarebbero insorte sulla scomparsa delle Stimmate: se con il processo di imbalsamazione si sarebbero potute creare delle alterazioni tali da mettere in dubbio la «miracolosa» scomparsa delle stimmate, quali conseguenze sugli accertamenti *post mortem* si sarebbero avute?

A questi quesiti rispose con elementi scientifici il professor Lelli, assicurando che nessuna menomazione o trasformazione o alterazione, avrebbe subito il corpo di Padre Pio; tanto meno nel posto delle stimmate.

Man mano che il tempo passava nell'inutile attesa, avemmo netta l'impressione di una «congiura» che si stava attuando contro il progetto di imbalsamazione. Si telefonava alla ricerca del dottor Sala, ma da ogni parte veniva risposto che era fuori San Giovanni Rotondo e non se ne conosceva la destinazione. E proprio il dottor Sala era stato il primo ad essere informato sull'arrivo della équipe e sui compiti a lui spettanti! Ma anche i frati del convento si erano eclissati. Girammo dappertutto, ma trovammo solo un vecchio frate intento a recitare il rosario. L'ostilità dei frati era evidente, ma l'imbalsamazione poteva aver luogo egualmente solo se fossero arrivati il superiore e il dottor Sala. Poco dopo, però, ci accorgemmo, altro mistero, che mancavano gli operai per aprire la tomba di Padre Pio. Tutti erano spariti.

In questa atmosfera curiosa, pur tenendo presente che da Roma c'era il benestare all'operazione, si decise di abbandonare l'idea dell'imbalsamazione del corpo di Padre Pio.

Non ho mai scoperto perché ci fosse stata tanta avversione a quell'operazione che avrebbe dato modo a tutti, ancora oggi, di vedere il volto di Padre Pio. Erano i suoi confratelli a non volerlo, per timore che la cosa avrebbe potuto ostacolare la causa di beatificazione? O ci fu, alle spalle, un'altra iniziativa dei nemici di Padre Pio nel timore che la possibilità di poter guardare il suo volto avrebbe attirato a San Giovanni Rotondo ancora folle di fedeli anche dopo la sua morte, perpetuandone il mito? Se questa seconda ipotesi fosse la vera, questi nemici sono stati nuovamente sconfitti. A San Giovanni Rotondo, anche se il corpo di Padre Pio è chiuso in un blocco di marmo nero, continuano ad affluire fedeli da tutto il mondo.

31

UN RICORDO DI PADRE LINO DA PRATA

Era stato padre Lino da Prata, il 19 settembre 1968, a dirmi che Padre Pio era a letto ammalato, mentre io e il fotografo D'Alessandro eravamo convinti di averlo incontrato pochi istanti prima nel convento. Il caro padre Lino, superiore del convento dell'Immacolata di Foggia, al quale sono legato da sincera amicizia e che tante volte mi aveva accompagnato da Padre Pio, fungeva da mio protettore e spesso mi aveva anche aiutato a realizzare le interviste e i servizi giornalistici.

Quando mi accinsi a scrivere questo mio libro-omaggio alla memoria del frate con le stimmate, cercai l'amico padre Lino e gli dissi che volevo fissare un appuntamento per ripercorrere insieme con lui le tappe più significative della vita di Padre Pio. Invece del dialogo-intervista, padre Lino mi fece avere questo suo «memoriale» che io faccio mio con qualche leggero ritocco.

«L'ultimo mio incontro – scrive – con l'amato Padre Pio,

"l'umanissima figura di un frate travolto dall'amore dei suoi simili", avvenne sul terrazzo attiguo alla sua cameretta il 19 settembre u.s. alle ore 14: da parte mia la rinnovata e sentita richiesta di preghiere, specie per i sofferenti, e il bacio della sua mano destra; da parte sua la benedizione, che impartiva battendo leggermente sul capo la mano piagata. Intanto mi fissava col suo sguardo penetrante e consolatore. Subito dopo, via di corsa, quasi a voler nascondere l'emozione e la gioia provata.

A differenza delle altre volte, adesso mi appariva stanco, tanto da non poter pronunziare parola alcuna; sembrava voler predisporre i suoi numerosi figli spirituali al lungo silenzio per la sua prossima dipartita da questa terra.

Ma il silenzio di ieri, quello di oggi, per noi orfani di tanto caro Padre, è un silenzio eloquente per le virtù e l'esempio offertoci durante la sua vita di sacerdote stigmatizzato, di umile figlio di Francesco d'Assisi.

I suoi compaesani parlano di lotte con lo spirito del male lungo la via che lo portava dal paese alla campagna "piana romana". A conferma ricordo quanto il Padre mi disse il 23 aprile 1951, uscendo dal refettorio del convento: "Modestia a parte, nessuno sa quello che là dentro avveniva di notte", e fece, con la mano, segno di batoste; tanto mi riferì, quando gli dissi di aver visitato con i collegiali del tempo la sua casetta di "piana romana".

A Pietrelcina, pur essendo malato, viveva di preghiera, di sacrificio e di apostolato.

Stando sotto l'olmo della campagna, quell'olmo il cui tronco è oggi ben custodito e che fu testimone dei segni invisibili della passione del suo corpo, si raccoglieva in preghiera ed alle persone che cercavano di distrarlo, rispondeva: "Lasciatemi pregare". A coloro che gli chiedevano cosa ci volesse per la vita eterna, rispondeva: "un Pater, Ave e Gloria ben detti, e non cento che restano per la fune e poi cadono giù".

La domenica, dopo la celebrazione della santa Messa, come ricorda Santillo Maria in Iadanza, non voleva che le vicine di casa lavorassero, neanche all'uncinetto, per rispetto al giorno del Signore; a tal fine acquistò una tombola.

Allorché tornava da Napoli nell'uniforme militare, durante la guerra 1915-1918, cercava di arrivare a casa di sera per indossare la veste da frate; una volta che i vicini insistettero per vederlo in divisa, così disse: "Contenti, avete visto il pagliaccio!".

Padre, ho voluto parlare di te e del tuo paese natale, sapendo di farti cosa gradita. Quando ricordavo la tua Pietrelcina, infatti, ti vedevo gioire sino alle lacrime. Ricordo che più di una volta tu mi chiedevi notizie particolareggiate, e, proprio nel febbraio scorso, allorché mi ero recato per celebrare la giornata francescana, tu mi incaricasti di portare il saluto e la raccomandazione di essere buoni cristiani ai tuoi compaesani. Ricordo ancora che ringraziasti coloro che avevano voluto presentarti i luoghi di nascita, su dipinti, dicendo: "Mi avete dato quarant'anni di vita". Padre, non quaranta, ma un'eternità, a noi, a tutti, con te!

Lo vidi per la prima volta, dopo averlo ardentemente desiderato, il 10 maggio 1945 assieme ai confratelli studenti nel corso teologico, di ritorno dalla festa della Madonna del Soccorso in San Severo. M'ispirò tanta fiducia sentirlo parlare alla buona e col sorriso sulle labbra: "È vero – disse – che a San Severo portano in processione tutti i santi del paradiso?". Al mattino, vedendoci in coro recitare il breviario con le luci accese, mentre potevamo aprire le imposte, ci disse: "Bravi i giovani che rispettano la povertà!".

Ritornai a San Giovanni Rotondo il 19 agosto 1946 e mi trattenni più di un mese; quanti preziosi insegnamenti appresi dal Padre: spirito di continua, fervorosa preghiera, di grande umiltà, di carità verso Iddio e il prossimo. Ricordo, fra tanti, solo qualche episodio. Camminando per i corridoi lo sentivo sempre pregare, con la corona in mano; prima di entrare in coro porgeva, con profondo inchino, l'acqua santa anche a un frate laico; a un bambino, che lo chiamava santo Padre Pio, rispondeva: "Adesso bestemmi". Richiesto di qualche consiglio sul comportamento verso il prossimo, che avrebbe potuto abusare del silenzio, affermava: "Non è mica detto che non bisogna parlare, è necessario saper parlare. A che gioverebbe un'esposizione piena d'ira? Si debbono dire le cose come stanno e poi lasciar pensare e parlare". Sulla vita interiore, sulle relazioni con Dio e modo d'intenderle, esortava all'amore e al timore, additando, quali esempi, san Pietro e Giuda il traditore. Nella sua paterna bontà volle suggerirmi anche, per l'immaginetta ricordo della prima Messa, il versetto scritturistico "Facciamo di Cristo le veci" dell'apostolo Paolo, di cui mi ricordò le parole: "Siate miei imitatori, come io di Cristo".

Gli auguravo la buona notte e buon riposo, dopo alcune forti sofferenze fisiche (agosto 1947), ponendo a tal fine l'intercessione dell'angelo custode, a cui rispondeva: "E se l'angelo ci dice che dobbiamo soffrire?".

Stando a letto, con le braccia conserte, pregava: "Signore, sia fatta la tua volontà; fa' che guarisca, non per me, ma per quella povera gente".

Fornito di una grande umiltà così si esprimeva: "La montagna che ci sovrasta dovrebbe schiacciarmi, tanti sono i miei peccati, le mie ingratitudini, le incorrispondenze alle grazie; pregate – e lo diceva, piangendo, – che mi converta".

Era la conversione verso la via della santità!

Come si fa a non sentirci così piccini dinanzi ad un tale gigante, che incalzando ancora il discorso sull'umiltà, si dice "carogna" al cospetto di Dio a causa delle proprie ingratitudini ed in corrispondenze, portando quale esempio la chiarezza e la bellezza del sole, che può essere offuscata anche da una piccola macchia; per lui il sole era Dio!

Richiesto sul profumo che emanava dalla sua persona, rispose: “Guagliò, quante ne vuoi sapè, a me è una cosa naturale”.

Un colloquio molto lontano nel tempo, 15 agosto 1954, mi è rimasto vivissimo nella mente e nel cuore.

Ero solo con il Padre sul terrazzo, dal quale si vedeva la città di Foggia illuminata, per la solennità dell’Assunta. La mia mano, tremante e riverente, poggiava sulla spalla del Padre seduto su di un seggiolone ed egli così mi parlò: “Prega e fai pregare perché né goda né soffra, ma si compiano in me i disegni di Dio”.

La frase del Padre sia il programma della nostra vita, così da ripetere con Gesù nell’orto degli Ulivi: “Padre, sia fatta la tua volontà”.

Mi è caro concludere questo breve tuo ricordo, o amato padre, col dirti quello che ti manifestai assieme ad altri confratelli in una delle frequentissime visite: “Padre, veniamo a trovarla perché le vogliamo bene assai”; e tu ci ringraziasti, mentre i tuoi occhi purissimi si riempivano di lacrime. Ora non piangi più; hai troppo pianto per i peccati miei, per i peccati dei tuoi figli, per quelli del mondo intero, che hai contribuito a redimere con la tua crocifissione e nell’anima e nel corpo.

Se non piangi, perché non è più possibile, comunica con noi.

Sì, tu sei con noi. Ricordo quanto dicesti ad un militare americano, che dichiarava di non poter vivere senza di te:

“Quando mi vuoi, vai dinanzi a Gesù sacramentato e là mi troverai”. Noi siamo con te, dinanzi a Gesù sacramentato, ai piedi della Vergine Immacolata, madre di grazie, come tu amasti chiamare e venerare; lo siamo adesso, e lo saremo per sempre lassù nel cielo».

32

LA PEZZUOLA DI PADRE PIO E I TRE GIORNI DI VITA PER MIO FRATELLO

L'ospedale Sant'Eugenio di Roma si trova nella zona dell'Eur, vicino al Palazzo dello Sport. Immenso e triste come tutti gli ospedali, luoghi di sofferenza e di speranza. Mio fratello Peppino (allora vicequestore e dirigente del Gabinetto di Polizia scientifica della Questura di Roma) era stato ricoverato per una crisi blastica da leucemia, l'ultima drammatica crisi dopo numerose altre avute nella sua degenza a Parigi, presso l'ospedale Paul Brousse, nel reparto del professor Mathé, coraggioso oncologo in lotta contro il male incurabile del sangue. Era stato dimesso da Parigi per l'ultimo viaggio in Italia, qualche giorno prima, dopo che i medici dell'équipe di Mathé avevano decretato la sua fine imminente.

Il viaggio in aereo con me e mio fratello Tommaso fu un angoscioso ritorno a casa. Come in un film rivedemmo tutta la nostra infanzia, la giovinezza, i tempi dell'università.

I ricordi affollavano la nostra mente e Peppino sorrideva ogni tanto per gli episodi più divertenti della spensierata vita passata. Ogni tanto diventava triste e noi leggevamo sul suo volto la disperazione del suo stato fisico e la tremenda angoscia dei giorni a venire.

La sua permanenza a Parigi nella stanza asettica (ma forse è più giusto chiamarla bara di vetro), con una grande vetrata che dava sul corridoio e con la possibilità di comunicare con l'esterno attraverso un piccolo telefono, era stata un inferno fisico e psicologico. La chemioterapia consisteva in un continuo ingoiare pillole, fino a trenta al giorno, e flebo, e trasfusioni, fino alla ricerca ossessionante di un infinitesimale punto libero per infilare l'ago. La monotonia della vita dei familiari degli ammalati veniva interrotta di tanto in tanto dal pianto dei bambini che non resistevano più al chiuso delle «bare di vetro». Peppino volgeva lo sguardo alla piccola foto di Padre Pio che aveva sul comodino, fra un mare di medicinali. Era una specie di colloquio segreto. I suoi occhi quasi imploravano Padre Pio di far interrompere lo strazio di quei momenti in cui il cuore di una mamma o di un papà scoppia di dolore. E quando ritornava la calma nel piccolo *lager* di Paul Brousse, quando i pianti convulsi dei piccoli ospiti si spegnevano per mancanza di lacrime, Peppino sorrideva contento e riprendeva in mano il rosario per un nuovo ringraziamento al frate del Gargano. Era il febbraio del 1984 quando una mattina, non ancora segregato nella bara di vetro, gli detti la pezzuola intrisa di sangue del costato di Padre Pio dicendogli che poteva tenerla. Mi guardò con gli occhi colmi di gioia, baciò la pezzuola e la strinse tra le mani. La commozione prese anche Ennio Di Francesco, collega e grande amico di mio fratello e che allora era il responsabile per l'Italia dell'ufficio di Polizia per la lotta contro la droga a Parigi. Anche lui chiese subito un pezzetto di reliquia.

– Sai, Tonino, ogni tanto taglio un piccolo pezzetto e lo do a qualche ammalato di questo reparto. Sapessi quanta sorpresa e gioia vedo sui volti di questi sventurati come me – mi disse qualche giorno dopo mio fratello.

– Fai bene – risposi – ma cerca di accontentarne molti tagliandone di meno...

– Ma sei avaro anche con le reliquie dei santi... – mi disse sorridendo.

Era una domenica di novembre, la prima dopo il ritorno da Parigi, dall'inferno di Paul Brousse. Eravamo tutti a casa di mio fratello, ormai licenziato dall'équipe di Mathé. Era disteso su una poltrona, quando ad un tratto si alzò, uscì fuori in terrazzo barcollando, guardò suo figlio Carlo giocare e, sempre sorretto, rientrò cadendo a terra colpito da una crisi blastica. L'ultima e più drammatica. Autoambulanza, corsa verso l'ospedale Sant'Eugenio. Era ormai in coma. A nulla potevano più valere le premurose cure del professor Masi, ematologo di fama mondiale, l'affettuosa presenza del professor Pietro Palmisano e di Rodolfo Porzio, chirurgo prediletto dal professor Valdoni.

Mio fratello moriva lentamente. In un momento di lucidità aveva espresso il desiderio di andare a Lacedonia, il nostro paese natio. Decidemmo di trasportarlo dopo un breve consulto con i medici, che avevano previsto la fine nello spazio di qualche ora.

Fu sull'ambulanza che mio fratello Tommaso infilò nel taschino di Peppino la pezzuola di Padre Pio (me l'aveva ridata una volta tornato da Parigi), con l'angoscia della speranza. Arrivammo a Lacedonia di sera. Peppino ebbe un lieve miglioramento, riconobbe la casa, gli amici, si rasserenò, visse ancora tre giorni nella sua Lacedonia, dove ora riposa. Il professor Valerio Consigli, noto internista di Roma, che ci aveva accompagnati e che aveva seguito dall'inizio il decorso del male, tutt'oggi parla di quei tre giorni di vita a Lacedonia come di un vivere oltre le ragioni della scienza medica.

33

IL PROCESSO DI BEATIFICAZIONE

La procedura per fare un beato è lunga e difficile. Occorrono decine e decine di anni prima che un servo di Dio, in odore di santità per virtù praticate e miracoli compiuti in vita o dopo morte, possa essere dalla Chiesa venerato come beato. Si deve a due decreti del 1625 e del 1634, emanati da papa Urbano VIII, il nuovo processo di beatificazione, tuttora vigente, che affida alla Sacra Congregazione dei Riti (oggi Sacra Congregazione per le Cause dei Santi) la trattazione.

Spetta al vescovo della diocesi a cui appartenne il futuro beato aprire l'inchiesta sulle virtù di un servo di Dio, acquisendo documenti, testimonianze e quanto altro possa servire alla causa. Una volta approntata, la documentazione viene inoltrata alla Sacra Congregazione per le Cause dei Santi, che sulla base di valutazioni molto severe emette il suo parere. Se questo è favorevole, si dà l'avvio al processo vero e proprio, che si concluderà con la beatificazione del servo di Dio.

Occorrono almeno due miracoli, perché possa essere affidato a dei giudici l'iter per il processo, che consiste in una approfondita istruttoria sulle virtù del futuro beato, setacciando tutta la sua vita. A queste riservate e severe riunioni, come se si trattasse di vere e proprie udienze processuali, partecipa qualche volta anche il Papa. Ed è proprio il Papa che pronuncia due sentenze: una sulla conduzione di vita e sulle «eroiche virtù» praticate (e da questo momento il servo di Dio è chiamato «venerabile»), l'altra sui miracoli che devono essere documentati e dichiarati tali per l'impossibilità di spiegare scientificamente il fenomeno straordinario. Ma in che cosa consiste la beatificazione? Nella possibilità di venerare pubblicamente un servo di Dio che è morto in concetto di santità. Ma non si diventa beati per volontà popolare, né solo per credo popolare; ci vuole il riconoscimento ufficiale. Le virtù eroiche di Padre Pio possono essere documentate in fenomeni sovrannaturali, come la sua bilocazione, il suo profumo, le stimmate e i tanti miracoli che hanno fatto pensare alla sua santità.

Il giorno dopo la morte di Padre Pio, un'auto di grossa cilindrata si fermò nel piazzale antistante il convento. Ne scesero due signori, uno in abiti civili, l'altro in talare. L'auto ripartì dopo qualche ora, carica di due grosse valigie contenenti documenti ed effetti personali. Forse da quel momento ha avuto inizio il lungo cammino che porterà

Padre Pio agli onori degli altari. Ma raccontiamo le tappe di questo cammino seguito con trepida ansia da centinaia di migliaia di fedeli.

Il 4 novembre 1969, poco più di un anno dalla morte, padre Bernardino da Siena, postulatore dei cappuccini, inizia gli atti preliminari per impostare la causa di beatificazione di Padre Pio, inoltrando una domanda in tal senso a monsignor Cunial.

Il 16 gennaio 1973, l'arcivescovo di Manfredonia, monsignor Vailati, esaminata la domanda e acquisita tutta la documentazione necessaria, la inoltra alla Sacra Congregazione per le Cause dei Santi a Roma, al fine di ottenere il nullaosta per la introduzione della causa di beatificazione.

Il 29 novembre 1982, papa Wojtyła ratifica l'atto ufficiale (e il più atteso dai fedeli) per l'avvio del cosiddetto processo cognizionale sulla vita e le virtù di Padre Pio. Ecco il testo del decreto firmato dal cardinale Pietro Palazzini: «Crescendo sempre più la fama di santità della vita, delle virtù e dei miracoli del servo di Dio Pio da Pietrelcina (al secolo Francesco Forgione), sacerdote professo dell'Ordine dei Frati Minori Cappuccini, nato il 25 maggio 1887 e morto il 23 settembre 1968, l'Eccellentissimo e Reverendissimo Signore Antonio Cunial, Amministratore Apostolico di Manfredonia, acconsentendo alla preghiera del Postulatore e ai desideri di molti fedeli, giudicò giusto e alla Religione conveniente chiedere alla Sede Apostolica "Sanctitas clarior" di aprire o introdurre la causa di beatificazione del predetto servo di Dio e di istituire il processo cognizionale presso la curia di Manfredonia».

La Sacra Congregazione per le Cause dei Santi, dopo aver diligentemente ponderato gli argomenti apportati, sui quali la stessa causa sembra poggiare come su legittime solide fondamenta, nella riunione ordinaria del 23 ottobre 1982, decretò quanto segue: «Niente si oppone a che l'Eccellentissimo e Reverendissimo Signore Valentino Vailati, Arcivescovo di Manfredonia, possa emettere il decreto per la canonica introduzione della causa di beatificazione del servo di Dio Pio da Pietrelcina (al secolo Francesco Forgione), sacerdote professo dell'ordine dei Frati Minori Cappuccini, e celebrare il processo cognizionale sulla vita, le virtù ed i miracoli dello stesso, osservando tutto ciò che per diritto bisogna osservare, a norma della citata lettera apostolica.

Di tutto ciò il sottoscritto Cardinale Prefetto, il 29 novembre 1982, ha fatto una relazione al papa Giovanni Paolo II e Sua Santità ha ratificato e confermato il responso della Sacra Congregazione per le Cause dei Santi».

Il 20 marzo 1983 si apre ufficialmente il processo cognizionale di beatificazione di Padre Pio presso il santuario di Santa Maria delle Grazie. Un lungo processo, sebbene Giovanni Paolo II fosse amico di Padre Pio. Lo incontrò personalmente nel 1947 ricevendo la profezia del soglio di Pietro, e poi ancora si recò a San Giovanni in veste di cardinale e infine, da pontefice, nel 1987 si inginocchiò a pregare sulla sua tomba. Del resto, come abbiamo detto, i processi di beatificazione, da parte della Chiesa cattolica, sono lunghi e difficili, le prove da addurre sulle «virtù» del probabile santo devono essere certe, e quando si parla di miracoli, bisogna avere il conforto oltre che della fede anche della scienza.

Ma il dono delle stimmate non è forse il miracolo più eloquente della vita di Padre Pio? E le guarigioni improvvise da terribili malattie, e le conversioni di uomini atei e le interminabili file di persone desiderose di sentire una parola del frate del Gargano non sono forse tante altre prove di sublime vicinanza a Dio?

Ma ricordiamo in ordine le tappe di questo iter.

Il Tribunale ecclesiastico si costituì il 20 marzo del 1983 e i suoi lavori ebbero inizio il 7 aprile dello stesso anno con l'audizione del primo testimone: padre Onorato Marcucci. Da questa data e fino al 13 maggio 1986 il Tribunale ha tenuto 182 sessioni e ha ascoltato 73 testimoni.

I componenti la Commissione Storica, nominati il 4 giugno 1983, lavorano con molto impegno per poter portare a conclusione il processo cognizionale in sede diocesana, prima importantissima tappa per tutto l'iter da seguire.

Accanto, però, al laborioso e severo lavoro della Commissione Storica ci sono alcuni esperti che stanno approfondendo episodi della vita di Padre Pio allo scopo di illuminare sempre meglio il messaggio spirituale del frate. Fedeli di tutto il mondo attendono con ansia il giorno della beatificazione di Padre Pio da parte della Chiesa.

Il 2 maggio 1999 Giovanni Paolo II dichiara «Beato» Padre Pio da Pietrelcina in Piazza San Pietro, a Roma.

34

PADRE PIO E LA SANTITÀ

Più la dipartita di Padre Pio si allontana nel tempo, più si avvertono, nella singolarità delle vicende che hanno caratterizzato la sua esistenza terrena, i segni di una predisposizione a quel fenomeno così indefinibile ma non di meno reale che è la santità.

Intanto si sono allontanati e sfumati i contorni e gli strascichi di iniziative, cui credettero di associarsi perfino eminenti personaggi della gerarchia ecclesiastica, dirette, nel tentativo di rallentare o arrestare una esplosiva vis religiosa, a «inquisire» la regolarità di quanto era stato capace di realizzare l'umile frate di Pietrelcina. E sì che si trattava della creazione dal nulla in San Giovanni Rotondo, operando peraltro in un mondo sempre più tiepido anche nelle componenti sociali meno fortunate verso i valori dello spirito, di un importante centro di spiritualità nonché del monumentale complesso della Casa Sollievo della Sofferenza a mitigazione di tanti dolori.

Lo stesso immutato, se non addirittura crescente, rispetto e amore di moltitudini di umili e non umili verso la memoria di Padre Pio, che si rinnova senza tregua in ogni periodo dell'anno, possono essere ben considerati espressione del «mistero» che si accompagna alla riuscita della messa in comunicazione di imponenti masse di fedeli con la divinità.

Sarebbe ingiusto non ricordare, tuttavia, che il movimento di religiosità di cui si fece promotore il cappuccino santo trovò relatori, ai vertici della gerarchia, anche tra i pontefici succedutisi negli ultimi decenni, che seppero valutarne, al di là di ruvidezze e polemiche esteriori, le profonde radici di una religiosità autentica.

Alla parola «mistero» si è riferita, d'altronde, una già vasta pubblicistica, allorché si è cercato di spiegare come sia stato possibile edificare un'opera assistenziale dell'imponenza della Casa Sollievo della Sofferenza, la quale ha richiesto ingentissimi capitali, affluiti in buona parte da oltreoceano.

Vi è, a tal proposito, un episodio davvero emblematico avvenuto nel 1924, durante i primi anni dell'apostolato del cappuccino, quando Padre Pio fu in grado di dare la «prova» a Maria Pyle, la ricca esponente del protestantesimo americano, di aver previsto anche nei dettagli la sua visita e la conversione che ne sarebbe scaturita, creando le premesse per un enorme afflusso di mezzi finanziari.

Un ulteriore segno di un rapporto carismatico di Padre

Pio, basato in realtà sulla semplicità che ricorre nella storia della santità, è l'errore di aver inopinatamente scambiato perturbanza e addirittura umiliazione dei penitenti, malgrado essi appartenessero alle classi più umili, così pronte ad accorrere a una altissima religiosità, con un trattamento spontaneo e non formale. Non si trattava di superbia da parte del cappuccino e lo dimostra la circostanza che esse erano state magari preferite a esponenti perfino di stirpe reale. E, poi, come negare che le sofferenze e la macerazione erano componenti fondamentali della personalità del frate, come dimostra la comparsa delle stimmate?

«Sancta simplicitas» è stata, del resto, la divisa dei più importanti santi della cristianità, ai quali non sempre è stata richiesta ricchezza di dottrina, a cominciare, se si vuole, dallo stesso «poverello di Assisi». Sono le opere realizzate quelle che contano e, per quanto riguarda Padre Pio, esse sono portentose, sia quelle edificate materialmente sia quelle della conquista spirituale di tante anime, «semplici» e non semplici, alla Chiesa di Dio.

All'alba del Terzo Millennio, il 16 giugno 2002, il Papa Giovanni Paolo II, con ormai un filo di voce, ha letto agli oltre duecentomila fedeli presenti in piazza San Pietro la formula con la quale ha proclamato Santo il Beato Pio da Pietrelcina. Il Papa ha concluso l'omelia con una preghiera, da lui personalmente scritta, nella quale riconosce al «frate con le stimmate» proprio quella «sancta simplicitas» che è il segno distintivo dei più grandi santi.

35

IL CONVENTO DI SANTA MARIA DELLE GRAZIE A SAN GIOVANNI ROTONDO

La leggenda attribuisce la fondazione di San Giovanni Rotondo, comune che sorge nel cuore del Gargano, a Diomede; storicamente, però, la sua origine è posta tra il 1007 e il 1095.

Originariamente erano tre borghi che in seguito si fusero in un unico grande borgo che gli abitanti chiamarono San Giovanni per devozione a questo santo.

L'appellativo di Rotondo venne in un secondo momento, quando fu restaurato un tempio pagano di forma rotonda consacrato a San Giovanni Battista patrono della città.

Nel 1216 San Francesco d'Assisi passò per San Giovanni Rotondo, umile pellegrino, per recarsi alla grotta dell'Arcangelo Michele a Monte Sant'Angelo.

Nel 1540 arrivarono a San Giovanni Rotondo i primi padri cappuccini che nello stesso anno iniziarono a costruire l'attuale convento con l'assenso dell'allora arcivescovo di Manfredonia, il cardinale Giammaria di Monte San Sabino eletto poi Papa con il nome di Giulio III.

La chiesetta attigua al convento fu terminata nel 1629 ed il 5 luglio 1676 veniva consacrata e dedicata a Santa Maria delle Grazie. A questa data tutto era completato per ospitarvi i frati che vivevano di elemosina e di carità. Le celle del convento erano costruite a piano terra ed erano umili e fredde, ma i frati erano felicissimi di potersi dedicare alla preghiera e vivere di elemosina.

Nel 1811 il convento fu chiuso una prima volta per essere riaperto nel 1818. Nel 1867 fu nuovamente chiuso e il 30 marzo dello stesso anno l'amministrazione comunale deliberò di chiedere al fondo per il culto di adoperarlo come ospedale e ospizio per i poveri; la proposta fu accolta.

Il 20 ottobre dello stesso anno sia la chiesa che il convento, il terreno, i mobili e gli arredi sacri passarono al Comune di San Giovanni Rotondo per la gestione ordinaria, ma siccome il convento era distante dal centro abitato ed era difficoltoso l'accesso, fu deciso di venderlo per costruire con il ricavato un ospedale per i poveri, ma la vendita non avvenne e nel 1908 fu adibito a «mendicicomio» (ospizio dei poveri).

Fu solo nel 1909 e precisamente nel mese di settembre che i frati vennero di nuovo in possesso del convento e il 10 settembre fu ripristinata la clausura.

La sera del 28 luglio 1916 arrivò per la prima volta un frate, giovane, magro, di nome Padre Pio da Pietrelcina, che vi sarebbe rimasto per oltre cinquanta anni.

Con la presenza di Padre Pio il convento acquistò una fama di risonanza mondiale.

TESTIMONIANZE

1. Hanno detto di lui

Centinaia di migliaia di persone hanno avuto modo di visitare la Casa Sollievo della Sofferenza: nonostante sia un luogo di sofferenza e di dolore, essa rappresenta, per tutti quelli che la visitano, il monumento più alto, il più insigne che la carità possa aver innalzato attraverso l'opera di Padre Pio.

Tanti alti prelati della Chiesa, uomini politici, personalità del mondo della cultura, dell'arte, dello spettacolo, della scienza, hanno scritto di quest'opera e del suo ideatore, Padre Pio.

Il cardinale Giacomo Lercaro, arcivescovo di Bologna, grande estimatore e sostenitore delle opere di Padre Pio, nel 1960, in occasione del cinquantesimo di sacerdozio del frate, scrisse: «A San Giovanni Rotondo, nella luce del Redentore crocifisso, che il Padre misteriosamente ritrae in se stesso, una lunga, costante, nascosta pedagogia delle esigenze del vangelo ha finalmente costruito... una Casa per il Sollievo della Sofferenza... Un'oasi meravigliosa, dove lo spirito cristiano permea tutte le risorse della scienza e della tecnica per arrivare col suo conforto non alle sole membra, ma agli spiriti e ai cuori». E, dopo la morte del frate nel 1968, aggiunse: «La volle bella, decorosa, aperta gratuitamente a tutti i poveri, uguale nelle cure e nell'amorosa assistenza con tutti. Aveva inteso Padre Pio l'eminente dignità dei poveri della Chiesa e chiaramente scorgeva nel povero il Signore Gesù, doppiamente presente nell'ammalato. Questo è il nuovo stile della carità. Così Padre Pio si era fatto, sull'esempio di Gesù, povero ed umile, per dare ai poveri, reso efficace dal senso della fraternità, il sollievo che la ricchezza offre agli abbienti».

Anche Raoul Follereau, l'apostolo dei lebbrosi, l'uomo che aveva dedicato la vita a questi fratelli poveri e rinnegati da tutti, ebbe modo di parlare di Padre Pio: «In questo mondo senza fede, senza ideale e senza sogno, che pretende di racchiudere la sua esistenza fra la data della sua nascita e quella della sua morte, la radiosa figura di Padre Pio è un vivente messaggio di Dio. Per i poveri, i sofferenti, i perseguitati, la benedizione delle sue mani doloranti, il sorriso del suo volto, sono i segni stessi della speranza. Nella sua eccezionale comunione mistica con il Maestro dell'amore, Padre Pio è il benefattore più sicuro della nostra dolorosa umanità».

Tra i medici e gli uomini di scienza che visitarono la Casa ricordiamo il professore Wangsteen e il professor Gasbarrini. Il primo ebbe a dire: «Ho però un grande cruccio: che di Padre Pio al mondo ce ne sia uno solo». Il professor Gasbarrini: «Con la sua umiltà, con la sua povertà e con la sua carità, Padre Pio ha irradiato la luce del Cristo nelle anime vicine e lontane in cammino verso il Calvario. La Casa della Sofferenza ne è la riprova tangibile».

L'onorevole Fernando Tambroni: «Questa Pia Opera, da lui voluta e per suo merito eretta, è certamente tra i più rigogliosi frutti della fede e della sacerdotale pietà: fulgido monumento a una vita che si macera nell'ansia del bene».

L'onorevole Benigno Zaccagnini: «Accostarsi, con amore, ai fratelli sofferenti è sempre stato, in ogni tempo, il più bel successo della società: la Casa Sollievo della Sofferenza e tutta l'opera di Padre Pio sono termini di orientamento e di realizzazione sia per i cittadini come singoli che per la stessa collettività».

2. *Padre Pio e il suo padre provinciale*

Padre Paolino da Casacalenda, superiore del convento di San Giovanni Rotondo all'epoca in cui il servo di Dio ricevette le stimmate, era divenuto nel frattempo ministro provinciale, ma nel paesello garganico si recava spesso sia per rivedere Padre Pio sia per far visita alla sorella che colà abitava.

Un giorno vi si recò, in un breve lasso di tempo libero, e si fermò a pranzo presso i suoi confratelli. Al termine del pranzo, vedendo che il Padre non si era fermato per salutarlo lo chiamò e gli chiese spiegazioni. «Reverendo padre, lei oggi non parte!», gli rispose Padre Pio.

Alla risposta di Padre Pio il superiore disse che gli bastava il tempo di arrivare a casa di sua sorella perché l'autista lo aspettava per andar via. Ma giunto colà la macchina sembrava non volerne sapere di partire e si dovette attendere il giorno dopo per l'arrivo di un meccanico. Ritornato al convento, incontrò Padre Pio che soggiunse: «Reverendo padre, cosa le avevo detto!».

3. Padre Pio predice il futuro a un confratello

A Pietrelcina, paese natale di Padre Pio, si era terminata la costruzione della nuova chiesa e si pensava al modo con cui far partecipare il Padre senza che la gente ne venisse a conoscenza e creasse fastidi o assembramenti. Ma la cosa si seppe in giro e il Padre non poté presenziare alla cerimonia. Padre Alberto D'Apolito, un giorno, ne parlò con il Padre e questi gli rispose che la chiesa, lui, la conosceva benissimo, anzi poteva persino dirgli quanti gradini c'erano davanti alla porta!

Anche il superiore provinciale, padre Agostino da San Marco in Lamis, ebbe da Padre Pio una risposta che gli annunciava il suo futuro: «Sarei contentissimo il giorno in cui a Pietrelcina si aprisse il convento!», ebbe a dire padre Agostino. «Si aprirà e tu ne sarai il superiore!», gli rispose Padre Pio. «E quel giorno io sarò presente lì e, nel confessionale, a San Giovanni».

4. Padre Pio in Uruguay

Monsignor Damiani, vicario generale di una diocesi in Uruguay, aveva desiderio di morire vicino a Padre Pio per avere il suo conforto nel momento supremo. Il Padre gli rispose che la sua missione non era terminata e che lo avrebbe assistito nell'ora della sua morte.

Monsignor Barbieri, che era vicino a monsignor Damiani, una notte si svegliò perché aveva sentito bussare alla porta: era un frate cappuccino che lo avvertiva che monsignor Damiani stava morendo. Il presule corse con altri sacerdoti a dargli il viatico e monsignor Damiani si spense poi serenamente. Fu trovato un biglietto vergato dal defunto in cui si diceva che Padre Pio era venuto a trovarlo.

Nel 1949 monsignor Barbieri si reca a San Giovanni Rotondo per una visita al Padre, ma, soprattutto, per sciogliere i suoi dubbi su quello strano biglietto. Padre Pio non volle rispondere alle reiterate domande del presule per cercare di tenere nascosta la cosa. Quando disse «capisco», il Padre gli rispose: «Bene! Avete capito».

5. Il monumento a Padre Pio

Lo scultore marchigiano Pericle Fazzini, nato a Grottammare, si è qui spento dopo aver trascorso tutta la sua vita a Roma. Era un tipo schivo, timido, che non frequentava salotti. Passava volentieri le sue ferie a Grottammare: qui, con l'architetto Eugenio Abruzzini pose le basi del progetto della piazza che ora accoglie il monumento a Padre Pio.

Fazzini scrisse di sé: «Le mie statue tendono ad ascendere verso il cielo... nelle mie figure non dovrà esistere una linea che impedisca l'ascensione dei volumi, la figura umana mi servirà come mezzo per toccare il cielo. Le mie figure si formano... come se volessero liberarsi della loro stessa materia per esaltare Dio...».

Il monumento a Padre Pio è il coronamento di tutto il pensiero e di tutte le opere di Fazzini. La materia viene piegata e modellata per volgersi verso il cielo ad esaltare Dio. Nella parte inferiore vi è l'espressione della tentazione dell'uomo e del demonio; nella parte superiore l'intervento della Grazia coi sacramenti e i doni mistici. La parte posteriore, nel raffigurare la bilocazione del Padre, è l'invito a liberarci dalla materia.

«Io voglio trasfondere nelle figure umane delle mie sculture l'infinito. Voglio che l'anima si incorpori nella materia plastica, secondo il mio stato spirituale, e resti così visibile all'uomo. Avrò in questo modo la possibilità di cercare e di far vedere ai miei fratelli quello che anche loro sentono: io sono le loro voci; le raccolgo e le porto a Dio», così ebbe modo di scrivere lo scultore nel suo diario.

Il monumento a Padre Pio e la piazza che lo ospita sono stati inaugurati il 28 luglio 1987 a San Giovanni Rotondo alla presenza dell'onorevole Giulio Andreotti, oratore ufficiale, e di numerose autorità religiose e politiche.

6. Padre Pio: il chiamato, l'eletto

È il discorso tenuto dall'on. Renato Dell'Andro il 16 aprile 1989 a San Severo (Foggia) in occasione dell'inaugurazione di una statua eretta a Padre Pio.

«Sono oltremodo felice di essere qui, stasera. E la mia presenza vuol essere proprio una testimonianza al nostro Padre Pio, di fedeltà alla Chiesa e agli ideali per i quali egli ha vissuto. Ho aderito molto volentieri all'invito rivoltomi per rendere omaggio anzitutto all'Ordine francescano e alla sua spiritualità cappuccina. Poi, per ricordare Padre Pio.

Abbiamo conosciuto Padre Pio e non potremo mai dimenticarlo. Dice Gesù: "Io conosco le mie pecore e le mie pecore conoscono me". Che significa conoscere? In greco, “conoscere” indica un rapporto intellettivo tra un soggetto ed un altro soggetto che diviene oggetto. Nella lingua giudaica “conoscere” significa qualcosa di molto diverso e di molto di più: significa avere un legame che conduce qualcuno ad affidarsi, ad essere fedele ad un altro. Sono certo che voi conoscete Padre Pio non soltanto perché l’avete visto, perché avete assistito alla celebrazione della “sua” Messa o perché magari vi siete confessati da lui, ma lo conoscete perché spesso vi siete affidati a lui, perché avete cominciato e terminato la giornata mettendola sotto la sua protezione; perché avete visto le sue opere, le sue azioni; perché avete letto i suoi pensieri mirabili, le sue lettere; perché avete avuto con lui una familiarità tale da ritenerlo parte di voi stessi, anima della vostra anima.

Così l’avete conosciuto, cioè l’avete amato. E perché? Certo per i suoi carismi, per i suoi insegnamenti, ma, credo, soprattutto perché in lui voi ammirate il chiamato del Signore, l’eletto. Già le sue stimmate erano una chiamata. Una chiamata al servizio reso verso l’Assoluto, verso il Signore, in una particolare spiritualità, quella francescana, quella cappuccina. Eletto. Chiamato. Vocato. Padre Pio è stato un chiamato da Dio. Ha avuto in sé impresse delle risultanze che gli han dato tanta sofferenza. Era il tributo che egli pagava a questa chiamata. Mai un momento egli ha mancato alla parola, alla fedeltà, alla Chiesa. Anche nei momenti bui, nei momenti scuri. Ne conosciamo alcuni. In quei momenti egli non ha deflettuto un attimo da quella sua fedeltà alla Chiesa, al Sommo Pontefice, ai vescovi e alla gerarchia, alla Regola francescana interpretata da lui alla lettera, in maniera puntuale, definitiva.

Oggi ricordiamo Padre Pio ma nello stesso tempo ricordiamo il 780° anniversario della presa dei voti, innanzi ad Innocenzo III, di san Francesco. E allora in Padre Pio noi oggi salutiamo san Francesco e tutti i santi francescani che hanno sempre vissuto la spiritualità cappuccina in modo esemplare. E salutiamo Padre Pio anche perché vediamo in lui tutti coloro che sono stati fedeli a quella Regola e che hanno servito san Francesco in umiltà e in obbedienza. Il mondo di oggi ha bisogno di questi valori. Ha bisogno di umiltà.

Padre Pio, questa sera, è qui presente in questo monumento, frutto della vostra opera, che troneggia in questa piazza per significare proprio il ritorno del nostro mondo ai valori dell'umiltà e dell'obbedienza, ai valori cristiani intesi come servizio all'umanità e ai fratelli in Cristo. Nel togliere quel velo alla statua ho pensato: Padre Pio torna tra noi. Ed effettivamente è così. Egli è tornato. Non poteva non tornare perché è tornato nei nostri cuori, perché ha animato il vostro amore a Cristo, alla Chiesa, a san Francesco. È tornato per benedirci, per dirci che è a noi vicino, partecipe delle nostre sorti e delle nostre miserie.

Termino con una preghiera rivolta a tutti coloro che postulano la causa di beatificazione di Padre Pio: continuate a lavorare, ma fate presto, perché finalmente si possa avere un santo della nostra terra, espressione dell'anima della nostra gente. Quel giorno, che mi auguro non lontano, segnerà per tutti un legame più stretto con l'Onnipotente, con l'Ordine francescano, con Padre Pio».

7. *Beata te, Pietrelcina*

«"Salutami tutta Pietrelcina, che tengo tutta chiusa nel mio cuore. Le benedizioni del Signore scendano larghe e copiose su tutti e tutti si rendano degni delle odierne promesse". Così Padre Pio, in una lettera datata 22 dicembre 1926 parlava del suo paese natio. Un amore profondo, fatto di ricordi della sua infanzia, episodi familiari e tanti, tanti piccoli e grandi ricordi che hanno segnato la sua vita».

È l'onorevole Clemente Mastella che mi parla di Padre Pio. Nato vicino a Pietrelcina, a San Giovanni di Ceppaloni, alla morte del frate non aveva ancora vent'anni.

«Ricordo», dice Mastella, «che quando appresi della scomparsa di Padre Pio, provai una profonda emozione e mi tuffai a leggere i giornali che raccontavano la sua vita tormentata, ma sempre volta al bene degli altri, a quel prossimo che amava più di se stesso. Tutti, in famiglia, abbiamo rivolto a Padre Pio i nostri pensieri e le nostre preghiere. Ricordo che mamma e papà si recavano spesso a Pietrelcina per visitare i luoghi cari a Padre Pio: la casa dove nacque, la chiesa dove pregava; e a noi figli, al ritorno, raccontavano dell'atmosfera serena e santificante di questo piccolo centro. Nessuno al mondo ricorda Francesco Forgione, ma tutti conoscono Padre Pio da Pietrelcina, perché proprio qui ha respirato la prima aria, ha visto la prima luce, ha sentito il primo palpito verso quella misteriosa e sublime attrazione divina. Mi vengono in mente – continua ancora l'onorevole Mastella – le parole del professor Enrico Medi, quando, commemorando Padre Pio, disse: "Beata te, o Pietrelcina, perché hai visto nascere Padre Pio, i suoi piedi hanno toccato questa terra; la sua anima ha raccolto questi sassi; i suoi occhi hanno raccolto queste immagini come prime immagini"». Forse l'aspetto più significativo del messaggio spirituale di Padre Pio è quello di aver diffuso in tutto il mondo l'amore per Cristo, con le sue leggendarie e interminabili Messe, con le sue drammatiche confessioni, quando il credente si trovava con la propria coscienza denudata al cospetto del severo confessore. Un uomo vissuto nel ventesimo secolo, fra due guerre mondiali, testimone della convulsa crescita della nostra epoca, un uomo che ha visto nascere la radio e la televisione, e che ha assistito, nel chiuso della sua cella, alla sconvolgente rivoluzione dell'atomo.

«Ho partecipato alle cerimonie celebrative del centenario della nascita di Padre Pio che hanno avuto luogo a Pietrelcina. Speravo che il Papa facesse una visita anche al paese dove è nato Padre Pio, in occasione del suo viaggio pastorale nel maggio 1987 a Foggia e a San Giovanni

Rotondo. È una speranza che coltivo ancora insieme a tutti i miei conterranei, perché sappiamo quale e quanta stima ha nutrito e nutre il Sommo Pontefice per l'umile frate di Pietrelcina. "Padre Pio santo?", si chiede ancora Clemente Mastella, "per me è già santo per furore popolare, è già sugli altari di quelli che hanno fede, anche se la lunga attesa è un tributo d'amore che bisogna pagare a quelli che hanno visto Dio"».

8. La prima figlia spirituale

«Ho conosciuto Padre Pio giovanissimo e il ricordo di quell'incontro è sempre vivo in me». È l'onorevole Giuseppe Gargani, già responsabile della segreteria politica del più grosso partito italiano, che ricorda con velata emozione l'incontro con il frate del Gargano. «Il nome di Padre Pio», racconta, «era familiare nella nostra casa di Morra De Sanctis, perché una mia zia, madre Maria Gargani, è stata la sua prima figlia spirituale, e si deve proprio a questa investitura spirituale se è potuta diventare fondatrice della Congregazione delle suore apostole del Sacro Cuore, a Napoli».

La vita di suor Maria Gargani è racchiusa in un quaderno di cinquanta pagine, scritto da lei stessa, in cui afferma con grande umiltà: «Padre Pio mi dettò l'obbedienza di scrivere la mia vita a cominciare dalla mia nascita; obbedienza che io faccio». Ed aggiunge di aver ricevuto proprio da Padre Pio un solenne schiaffo sulla guancia per essersi confessata male. Il suo diario inizia con il racconto della sua vita a Morra, che prima si chiamava Irpina, per la sua collocazione in Alta Irpinia e poi De Sanctis, in omaggio al grande letterato che ebbe in questo paese i natali. «Fui l'ultima di otto figli», scrive suor Maria, «cresciuta in un ambiente familiare cattolico, ricevendo ogni giorno, specie dal babbo, gli insegnamenti religiosi». La sua prima comunione fu una specie di birichinata perché si accostò al sacramento molto prima dell'età stabilita per questa cerimonia.

Ad Avellino, dove si recò a studiare spesso, «in ginocchio, accanto al mio lettino, contemplavo l'immagine del crocefisso e spargevo tutte le mie lacrime. Non avevo nessun aiuto e nessun conforto; solo Gesù era il mio compagno».

Il primo incontro con Padre Pio avvenne a San Marco La Catola, in provincia di Foggia, dove il frate si era recato durante la prima guerra mondiale nel 1915 a sostituire padre Agostino, partito per il fronte come cappellano militare. Una volta Padre Pio le disse sorridendo: «Tu non sei nemmeno capace di fare un peccato a dovere». Continua ancora suor Maria: «Padre Pio era molto bravo a mettere in pace l'anima mia, ma era il fascino del suo spirito che si proiettava in me, dandomi l'impressione che sapesse tutto di me, tutta la mia vita fin dall'infanzia». Quando era tutto pronto per la partenza verso Roma, dove Maria Gargani sarebbe diventata suora, Padre Pio, ridendo, a lei che in confessionale si raccomandava alle sue preghiere, anche nel caso di una sua morte, rispose: «Quanti giri devi fare ancora su questa terra!».

Con un'insegnante di Lacedonia, Lina Ferrante, inizia la storia dell'istituto che sarà realizzato da Maria Gargani per il bene delle anime. Fu lo stesso Padre Pio a esclamare, quando gli comunicò il difficile inizio dell'opera: «Ecco, finalmente ci siamo, qui dovevamo arrivare», e così la sera del 21 giugno 1936, portando «le robe» in un convento di Volturara, in provincia di Foggia, iniziò l'opera terrena di suor Maria Gargani.

La corrispondenza epistolare fra Padre Pio e suor Maria Gargani ebbe inizio nell'agosto del 1916 quando la neo-suora scrisse una lettera a Padre Pio manifestando la sua volontà di averlo come padre spirituale. Padre Pio non le rispose subito; chiese prima il permesso a padre Benedetto, che glielo accordò. Così, il 26 agosto dello stesso anno, Padre Pio indirizzò a suor Maria Gargani una lettera in cui si dichiarò lieto di assumersi la responsabilità di seguirla nella strada verso Dio.

In una lettera ai familiari suor Maria così scrive: «Padre Pio da Pietrelcina sa tutta la storia della mia vita: io non ho avuto altro sacerdote a cui poter ricorrere nei bisogni intimi dello spirito».

Della loro corrispondenza, non sono pervenute sino a

noi le lettere di suor Maria, mentre quelle di Padre Pio ammontano a ben sessantasette, scritte dal 26 agosto 1916 al 16 maggio 1923.

In quel periodo si manifestava in suor Maria la volontà di fondare un Ordine religioso. Finalmente, dopo varie lettere scritte con Padre Pio su questo argomento, nacque l'opera religiosa che prese il nome di «Le Apostole del Sacro Cuore». Padre Pio la incoraggiò con questa gioiosa esclamazione: «Ecco finalmente, qui dovevamo arrivare! Questa è la volontà di Dio e fa presto ad andare dal vescovo. È bello, è bello!».

La congregazione, nel 1945, fu dichiarata di diritto diocesano, poi di diritto pontificio, nel 1963.

Madre Maria Gargani è morta il 23 maggio 1973 in odore di santità. Tutta la sua vita è stata improntata all'amore verso Dio e all'amore verso il prossimo.

Sono tanti gli episodi che testimoniano della bellezza spirituale di suor Maria Gargani. Basti pensare al fatto di aver lasciato la sua nobile famiglia (proviene dai prìncipi Biondi-Morra) con la quale poteva vivere senza problema, per scegliere la strada tortuosa e travagliata della vita religiosa. Ma lasciamo la parola al nipote, l'onorevole Giuseppe Gargani: «Nella nostra famiglia, zia Maria è stata sempre un punto di riferimento per la dolcezza con la quale trattava tutti noi nipoti. Al suo cospetto ci si sentiva quasi come alleviati dagli affanni della vita quotidiana. Spesso abbiamo sentito nominare Padre Pio e io, che ho avuto la fortuna di incontrarlo, non posso dimenticare la profonda emozione che provai quando predisse qualcosa della mia vita, qualcosa che certamente non posso rivelare».

Ma ecco il ricordo di un altro nipote di suor Maria Gargani, Angelo Gargani, stimato e noto magistrato di Roma: «Ricordo zia Maria con molto affetto e con molto rimpianto. Era la luce della nostra famiglia e le sue parole erano sempre permeate di bontà. Sempre pronta al sorriso e al perdono, amava gli umili e gli indifesi, ed era protesa nel fare il bene degli altri e nel pregare. Pregava tanto che una volta le chiesi se anche mentre mangiava pregava e lei, sorridendo, mi rispose che il Signore si prega sempre, in ogni istante della vita. Oggi che si parla di zia Maria come possibile beata, la mia preghiera è rivolta a lei perché veramente possiamo considerarci fortunati di essere nati nella stessa casa».

9. Beniamino Gigli e Padre Pio

L'incontro di Beniamino Gigli con Padre Pio è un'altra testimonianza della capacità del servo di Dio di leggere nell'animo, di scrutare nelle sue pieghe recondite, facendosi in questo strumento di Dio, per riportare le anime sulla retta via.

Quando Padre Pio ebbe davanti così illustre personaggio

andò dritto alla sostanza e rimproverò il famoso cantante per una sua relazione extraconiugale. Da quel momento Beniamino Gigli ruppe la relazione e fu sempre vicino al Padre fino alla morte.

Grande era la gioia di Padre Pio quando poteva ascoltare «Mamma» da quella voce possente ma delicata allo stesso tempo. E quale la sua commozione al ricordo della sua mamma «Peppa»!

10. Come Lazzaro

La potenza del Signore e l'opera di intercessione che Padre Pio aveva presso Dio trovano conferma in quest'episodio che ha dello sconvolgente.

Una madre aveva un figlio di sei mesi gravemente ammalato e sperava nella intercessione del Padre per la sua guarigione: si mise in treno per affrontare il lungo viaggio ma il bambino morì.

La povera madre non si perse d'animo e, fidando ciecamente nel Padre, avvolse il figlioletto in alcuni vestiti e giunse a San Giovanni Rotondo. Quando Padre Pio vide il contenuto della valigia impallidì e pianse. Volgendo gli occhi al cielo, pregò intensamente per qualche minuto: «Ma che ti strilli, non vedi che il bimbo dorme?!». Il bimbo infatti dormiva serenamente.

Come confermò anche il dottor Sanguinetti, presente

all'episodio, il bimbo era morto da tempo, quando la valigia fu aperta.

Ma era ancor più prodigioso il fatto che poi fosse così placidamente addormentato!

11. La cieca

La signora De Giorgi è nata senza le pupille e la scienza medica ci dice che senza di esse non è possibile vedere.

Ebbene questa signora vede da quando Padre Pio le pose le mani sugli occhi!

Da bambina, i suoi genitori ben presto si accorsero che qualcosa mancava nei suoi occhi; illustri luminari sentenziarono che essa era senza pupille e che, quindi, non avrebbe mai visto.

Venne il tempo di far fare la prima comunione alla piccola e la nonna pensò di portarla da Padre Pio.

Fu raccomandato alla piccola di chiedere al Padre di intercedere per una sua guarigione ma la bimba se ne dimenticò.

Padre Pio, però, durante la confessione le aveva posto le mani sugli occhi tracciando un segno di croce.

La nonna, nella confessione, chiese al Padre di intercedere per la piccola e questi le rispose di aver fede perché Gemma vedeva.

Anche alla comunione il Padre fece un segno di croce

sugli occhi di Gemma: nel viaggio di ritorno la bambina disse alla nonna che vedeva chiaramente e illustri luminari della scienza confermarono.

Ma, a parer loro, tutto ciò era impossibile: non si può vedere senza pupille!

12. Padre Pio e l'Arma dei Carabinieri

Padre Pio ha sempre avuto un debole per l'Arma dei Carabinieri: si era nei primi anni '50 quando si venne a sapere che la madre del bandito Nardiello sarebbe giunta nel convento per vedere il Padre.

Era quindi probabile che il figlio, che vagava per le montagne intorno a San Giovanni, sarebbe venuto per vedere la madre. Erano stati informati anche i militi della locale stazione che si recarono presso l'ufficio dove si registravano le prenotazioni per le confessioni ma non trovarono nulla né al nome di Nardiello né al nome di Capra e, quindi, si allontanarono.

Poco più tardi una vecchietta si prenotò per la confessione: era la madre del bandito.

Il frate addetto alle prenotazioni fece presente la cosa a Padre Pio e questi gli rispose che i carabinieri li avrebbe avvisati dopo: «... il bandito è armato fino ai denti e, certo, appena li vede li fa fuori».

L'incontro tra la mamma e il figlio bandito avvenne nel

piazzale della chiesa: poche parole e un rapido abbraccio tra madre e figlio. Poi la vecchia signora ripartì.

Padre Pio con il suo affetto aveva salvato la vita di due carabinieri.

13. Pace per il Nicaragua

Monsignor Pedro Velche, vescovo di Turolega, in Nicaragua, è venuto a pregare sulla tomba di Padre Pio in occasione di una visita «ad limina» e ha lasciato scritto sul registro dei visitatori: «Ho avuto la grande opportunità di visitare la tomba di Padre Pio per chiedergli la pace per il Nicaragua, la salute e la forza per i miei sacerdoti al fine di poter lavorare come il Signore chiede in questa zona di guerra.

Chiedo al Signore, per mezzo di Padre Pio, che si ami di più la Vergine Maria, che si risvegli in tutti gli uomini il desiderio di amarci fraternamente e che si compia il regno di Cristo e della Chiesa.

Chiedo al venerato Padre che preghi per tutta la mia diocesi e per me il Signore Gesù affinché nulla mi neghi.

Padre Pio, proteggici assieme a Gesù e alla Vergine Maria».

MONS. PEDRO VELCHE G. V.
Vescovo di Turolega (Nicaragua)

14. Mario La Rosa: quell'immagine alle Ardeatine

«L'indomani dell'arrivo a Roma delle truppe alleate, quel 4 giugno del 1944, accorsi di slancio alle Fosse Ardeatine. Era in me pressante il desiderio di inginocchiarmi davanti a quelle cave di tufo diventate un sacrario. Vorrei dire che negli ultimi giorni dell'occupazione militare nazista, la prima e più consolante speranza che coincideva con l'attesa liberazione era in me quella di potermi recare subito in quella zona della città diventata un simbolo.

Lo scenario che mi si presentò davanti era terrificante, una specie di bolgia dantesca.

Ero stato preceduto di qualche ora dai nostri soldati che, radunati e fors'anche vestiti alla bell'e meglio, erano stati inviati per piantonare tutt'intorno l'improvvisato cimitero dei martiri.

Massi giganteschi e buche imprevedibili ostacolavano i miei passi nel difficile, confuso sentiero che conduceva all'imboccatura più ampia delle cave, dove erano stati sospinti, a gruppetti, e assassinati gli Ebrei. Sotto enormi ammassi di terra gialla giacevano i trecentotrentacinque nostri poveri fratelli, tanti cari miei amici e miei compagni di lotta, di resistenza e di fede. Poveri cari martiri con i quali, nella Roma occupata, avevo diviso privazioni, sofferenze, cimenti, tutti insieme illudendoci di sognare una Italia più giusta, più onesta, senza aver sospettato – noi, allora – quello che, invece, la nostra dolce Italia sarebbe diventata...

Nella difficoltà dell'incedere, talvolta carponi, fissavo attonito quell'«inferno» e pensavo con tenerezza struggente ai cari Uccio Pisino, Aladino Govoni e a tanti altri indimenticabili amici e compagni che furono barbaramente uccisi perché "colpevoli" delle mie stesse "colpe"; martiri che pensavano e agivano come me che, a differenza di essi – di me più sfortunati – mi salvai non so perché, non so come.

Pensavo, soprattutto, ai tre episodi che, senza improvvisi, miracolosi sviamenti, mi avrebbero condotto inesorabilmente, tre mesi prima dell'eccidio, e un mese prima, e ancora quattro giorni prima, in quello stesso luogo di martirio. Tre volte si aprì anche per me quella strada di morte, e tre volte una forza misteriosa la richiuse per mia buona sorte.

... quando, il 2 gennaio di quel 1944, fui arrestato – e rinchiuso nella improvvisata prigione ricavata dai sotterranei del palazzo Wedekind, dove è ora la sede del quotidiano *Il Tempo*, a piazza Colonna – insieme agli amici Manfredi Ponz de Leon, Enrico Mazzullo, Nicola e Francesco Fulci. Fummo successivamente scarcerati grazie a un machiavello escogitato, in quei giorni torbidi e di angoscia, da un generoso amico dei fratelli Fulci che, rischiando la vita, simulò di essere un alto ufficiale delle Forze Armate e ci strappò dal carcere, poi dandosela a gambe, lui e noi con lui, in una tarda serata di coprifuoco.

... e quando, circa un mese prima dell'eccidio, io giunsi

con qualche minuto di ritardo a un convegno clandestino presso la chiesa di Sant'Andrea delle Fratte, dove fu arrestato, con altri amici, Uccio Pisino che mi attendeva. Mi avvertì in tempo, a venti metri dalla chiesa, un vecchio signore, mi par di ricordare fosse il suocero di Uccio, sotto il cui sguardo sgomento era avvenuto il desolante arresto poco prima. Egli mi soffiò sotto voce l'allarmante ammonimento: "Squagliati!".

... e, ancora, quando, cinque giorni prima dell'eccidio, il 19 marzo, ero cautamente uscito, per breve ora, dal mio nascondiglio in casa dell'attrice cinematografica Paola Veneroni, dalle parti di via XXI Aprile. Dovevo incontrarmi con gli amici Pippo e Olinda Crisafulli nella loro casa di piazza Barberini. Speravo, quel giorno, di mangiare con essi in quei giorni di fame: era la ricorrenza di san Giuseppe e a tavola doveva esserci qualcosa di diverso dal solito pezzetto di pane nero di cui ci nutrivamo. Sgusciando da una stradina secondaria e, strisciando sul muro, pervenni davanti al n° 5 di piazza Barberini. Mi bloccò il fedele portiere Silvio, il quale sulla soglia del portone mi disse d'un fiato di fuggire: "Scappi, scappi via, la stanno cercando su, in casa Crisafulli, due militari tedeschi della Gestapo e quattro poliziotti italiani delle SS". Una spiata aveva messo la polizia sui miei passi e gli agenti, nella foga di scoprire e acciuffare me, frugando in casa Crisafulli, non prestarono attenzione alla occasionale presenza non solo del padrone di casa, anch'esso alla macchia a quel tempo, ma della Medaglia d'oro Ida Serra, che teneva i contatti con i centri badogliani, e di due alti ufficiali in borghese, di cui uno ammiraglio, della regia Marina, entrambi della resistenza...

Durante la mia visita religiosa alle Ardeatine, avvertivo quasi un tremito ricordando quegli episodi che mi venivano in mente e mi intenerivano, ed emozionavano. A un certo momento mi chinai per raccogliere da terra, vicino alle mie scarpe, la fotografia di un fraticello. Forse, pensai, si tratta di un parente sacerdote, un amico dell'ignoto martire dalle cui tasche la piccola fotografia sarà scivolata. Pulii dalla polvere il piccolo cartoncino e considerandolo quasi una reliquia per l'accostamento che avevo fatto con l'ignoto possessore, la riposi nel mio portafogli, per rispetto.

Un mese dopo mi fu possibile raggiungere con dei mezzi di fortuna la mia lontana Sicilia, la nostra casa, i miei genitori ansiosi. Mia madre, nella commozione dell'incontro, mi confidò di aver molto invocato per la mia salvezza la Provvidenza e un santo sacerdote pugliese, vivente, di cui era devota e che lei pregava con fervore tutti i giorni e al quale scriveva sovente. "Sii anche tu riconoscente e devoto a lui, al santo fraticello dalle stimmate", mi disse. E mi porse l'immagine di Padre Pio. Allibii. Era lo stesso volto della piccola fotografia che avevo raccolto da terra!».

15. Una cena tra amici

Proprio quando stavo per terminare questi miei ricordi su Padre Pio, un incontro occasionale, in una cena tra amici, mi ha dato l'opportunità di parlare del frate con personaggi impegnati nel mondo della cultura e della politica. A spingermi a parlare è stata la presenza di Alberto Bevilacqua, affascinato da questo diverso tipo di storie. Una volta gli inviai una cartolina da San Giovanni Rotondo e questa ha fatto scattare in lui la decisione di interessarsi della persona e dell'opera di Padre Pio. Un altro miracolo? Durante un'altra cena tra amici, intervistato da una televisione privata a proposito di Padre Pio, lo scrittore ha tirato fuori dalla tasca la cartolina di San Giovanni Rotondo e, mostrandola al pubblico presente, ha confermato il suo interessamento per Padre Pio e per il libro che stavo scrivendo su di lui. Quella serata tra amici ci ha consentito di avere come «uditore» anche uno dei maggiori esponenti dell'allora Partito Comunista Italiano, il senatore Emanuele Macaluso, ex direttore de *L'Unità* e presidente della Commissione Antimafia. Mi ha sorpreso il suo attento e rispettoso silenzio: ascoltava senza che il suo volto mostrasse il benché minimo disappunto o consenso. Ha solo sorriso quando ho ricordato che Padre Pio non nutriva troppa simpatia per la classe politica. Ebbene, l'onorevole Macaluso (è forse il caso di dire che anche i comunisti hanno un cuore... cattolico!) alla mia promessa di inviargli una copia del libro del frate stigmatizzato, con la richiesta di una recensione su *L'Unità*, mi ha risposto: «Certamente farò recensire il libro su Padre Pio, ma non posso anticipare ora lo spirito della recensione...».

16. Scommettiamo che... diventerà santo?

Questa testimonianza è di Michele Guardì, ideatore e regista di popolari trasmissioni televisive come *I fatti vostri* e *Scommettiamo che...*: «Ho avuto modo di approfondire la mia conoscenza di Padre Pio frequentando Antonio Pandiscia. Mi ha sempre parlato del "suo più grande amico" con simpatia e con aneddoti divertenti, mostrandomi un Padre Pio diverso, ironico, partecipe di tutto e di tutti. A ogni puntata de *I fatti vostri* ero in ansia per qualche uscita religiosa dell'avvocato di piazza Italia, anche se ho affrontato con gioia l'argomento di Padre Pio in più puntate. Ricordo soprattutto quella, che ebbe un altissimo indice di ascolto, in cui furono presenti padre Rufino Megliola, attuale superiore del convento di Pietrelcina, padre Paolo Covino, che assistette Padre Pio nelle sue ultime ore di vita, e tanti miracolati e figli spirituali del frate del Gargano. Una sola volta Pandiscia mi fece lo scherzo di parlare di Padre Pio in diretta. L'argomento era il famoso decreto Formica, ministro delle Finanze, sul ritiro dal commercio di alcune marche di sigarette estere. Ebbene, anche sul fumo il nostro avvocato trovò il modo di citare Padre Pio. Alla domanda di Fabrizio Frizzi, conduttore del programma, se fosse un fumatore, Pandiscia rispose che solo raramente aveva fumato qualche sigaretta e in una occasione si era preso i rimbrotti del frate perché fumava in sua presenza, ma poi Padre Pio aveva aggiunto: "Fuma, fuma... tanto la vita è una fumata di sigaretta. Appena ne accendi una, subito finisce bruciando tra le dita...". E l'avvocato aggiunse: "Sono passati trent'anni da quella boccata di fumo...".

Solo per il programma *Scommettiamo che...* non ho potuto accontentare Pandiscia in quanto non offre spunti religiosi sulle scommesse. Ma una sera al Teatro delle Vittorie a Roma, mentre ero alle prese con le prove, con candida faccia tosta mi disse: "Michele, perché non parliamo di Padre Pio in *Scommettiamo che...* diventerà un santo?". Sorrisi, ma dentro di me nacque la promessa...».

17. L'umile frate imprenditore

Stefano Sandri, presidente della Nuova Samin del Gruppo ENI: «Ho promesso al mio amico Antonio Pandiscia di visitare San Giovanni Rotondo e i luoghi dove ha vissuto Padre Pio. La vita di questo umile frate, tutta dedicata alle sofferenze altrui, mi ha incuriosito. Ma ancora di più mi ha affascinato la sua imprenditorialità: dal niente, da una nuda roccia ha creato un'opera immensa, la Casa Sollievo della Sofferenza, a testimonianza delle infinite e prodighe vie della fede. Quella "bella, immortal, benefica fede, ai trionfi avvezza..."».

18. Beato Padre Pio

Così ricordo quel 2 maggio 1999 quando Padre Pio viene proclamato beato dal papa Giovanni Paolo II in Piazza S. Pietro. La folla occupa ogni spazio della grande piazza. E la piazza è diventata piccola. Piazza S. Pietro è soccorsa da Piazza S. Giovanni.

Le autorità capitoline e vaticane hanno tremato davanti alle immagini di carovane di uomini e donne in preghiera, in marcia col rosario in mano, e frenato e decimato il popolo di Padre Pio: per la prima volta le piazze di Roma sono insufficienti e si contano le persone e si controllano i biglietti d'ingresso. Per la prima volta i frati cappuccini, confratelli di Padre Pio, e i sacerdoti subiscono perquisizioni per entrare in Piazza S. Pietro, come ai confini di Stato.

2 maggio 1999, la festa di Padre Pio diventa festa nazionale: le maggiori autorità dello Stato sono in Piazza S. Pietro come per commemorare un avvenimento importante della storia della nazione. Vi sono il Presidente della Repubblica, il Capo del governo, ministri e generali, diplomatici e onorevoli: mai per un beato tante autorità in veste ufficiale, e soprattutto mai tanto popolo, com-

posto e festoso, devoto e giovane. Già, popolo giovane. Confuso tra la gente noto con sorpresa lo sfilare ordinato di moltitudini di giovani: credevo arrivassero in Piazza S. Pietro per la maggior parte persone anziane, e invece ecco qui i giovani.

Già, chi è Padre Pio? Pensavo che fosse il santo dei bisognosi, dei malati, dei poveri, degli anziani, di chi camminando sulle strade della terra inciampa fra ciottoli e buche, o rallenta la marcia in curve impreviste o perde la vista nella nebbia o sotto l'imperversare di temporali! Pensavo... e ora vedo i giovani nel pieno della vita. Penso: questo è un nuovo miracolo di Padre Pio! No, forse il miracolo è nell'antimiracolo che è in me, che vado sempre indietro con la mente agli anni dei miei incontri con Padre Pio: ero giovane e andavo da lui. Ora vi sono i nuovi giovani e questi vanno da Padre Pio.

Nulla è cambiato nell'arcano fascino di un uomo di Dio, che, senza nulla strafare e nulla promettere di paradisi terrestri, muove le menti e i cuori dei cercatori senza età di verità e di amore. Sono cambiato io. Io sono invecchiato e Padre Pio è rimasto giovane.

Ora credo che lui sia qui, lo vedo rappresentato sulla parete della facciata di S. Pietro, ricoperta di ponteggi, in una foto che il mio amico Angelo M. Mischitelli ha fatto colorare quando anche lui era giovane: il volto sereno, non triste, non sorridente, senza rughe, fronte spaziosa, barba brizzolata, guarda lontano, guarda vicino, guarda oltre il tempo, oltre le colline di S. Giovanni Rotondo e le cupole di Roma.

La piazza è sotto quegli occhi: per un giorno è casa di Padre Pio. Anche il Papa, una volta tanto, è ospite in casa sua. Ospite anche lui di Padre Pio, che egli ha fortemente voluto, qui, non come pellegrino, ma come padrone di casa per accogliere gli innumerevoli suoi figli. Anch'io sono a casa mia, perché sento di essere della famiglia di Padre Pio.

Il giorno si presenta bello. La piazza è già piena e i padri cappuccini, nell'attesa, intrattengono i fedeli in modo mirabile: scorrono nella mente le immagini e i ricordi di tempi andati, la figura di Padre Pio è proposta, con le sue stesse parole, nella dinamica interiore della sua anima, in tensione continua verso Dio e verso i fratelli. Oggi possiamo intuire meglio quel che è successo nei suoi ottant'anni tra lui e Dio: tutto gira intorno all'amore, non al semplice amore, ma all'amore portato all'intensità massima verso Dio. Per questo l'amore in lui diventa ricerca, ascesi e, quindi, tormento.

Il frate in immagine sulla parete ferrosa della basilica non tradisce alcun segno di quest'ascesi, tutto avveniva dentro: l'uomo di Dio guarda il cielo come a un traguardo piacevole per tutti.

Oggi capiamo meglio, ed è più facile per noi, il sentimento che ha mosso il suo animo a interessarsi dei fratelli vedendoli nella loro condizione umana e nei loro momenti meno felici dell'esistenza: ai malati e ai bambini portatori di handicap, agli uomini sfortunati e alle anime in rotta con Dio ha dato un letto, una stampella, un consiglio, una mano.

L'uomo di Dio in foto sull'impalcatura della basilica non mostra segni di fatica: il frate guarda la terra come casa comoda per tutti.

La Piazza S. Pietro e le strade adiacenti sono gremite del popolo di Padre Pio. Piazza S. Giovanni di Roma e Piazza S. Maria delle Grazie di S. Giovanni Rotondo sono gremite del popolo di Padre Pio. E poi nelle case d'Italia e del mondo altre propaggini dello stesso popolo ascoltano il papa Giovanni Paolo II che proclama beato Padre Pio. Oggi Padre Pio è diventato Beato Padre Pio.

Il Papa conferma l'opinione del popolo, rende noto ciò che tutti sanno, sancisce ciò che tutti fanno: la verità che è nel popolo viene proclamata ed estesa a tutta la Chiesa. È come se il Papa gli concedesse la laurea *honoris causa* in santità per grandi meriti acquisiti: non aggiunge nulla, ma conferma con la sua parola e la sua autorità il sentire popolare, che da fatto privato, e quasi clandestino, diventa pubblico e ufficiale per tutta la Chiesa.

Le parole di Giovanni Paolo II, che ha conosciuto Padre Pio e ha toccato con mano la santità del confratello nel sacerdozio, sono semplici e nello stesso tempo vigorose.

«L'eco che questa beatificazione ha suscitato in Italia e nel mondo è segno che la fama di Padre Pio, figlio dell'Italia e di san Francesco, ha raggiunto un orizzonte che abbraccia tutti i continenti. Sono lieto di salutare quanti sono qui convenuti, incominciando dalle alte autorità italiane che hanno voluto essere presenti: il signor Presidente della Repubblica, il signor Presidente del Senato, il signor Presidente del Consiglio dei Ministri, che guida la Delegazione ufficiale, numerosi ministri e personalità. L'Italia è davvero degnamente rappresentata. Ma anche numerosi fedeli di altre nazioni sono qui convenuti per rendere omaggio a Padre Pio.

Quest'umile frate cappuccino ha stupito il mondo con la sua vita tutta dedita alla preghiera e all'ascolto dei fratelli. Innumerevoli persone si sono recate a incontrarlo nel convento di S. Giovanni Rotondo e il pellegrinaggio, anche dopo la sua morte, non è cessato.

Quando ero studente qui a Roma, ebbi io stesso occasione di conoscerlo personalmente e ringrazio Iddio che mi dà oggi la possibilità di iscriverlo nell'albo dei beati. Chi si recava a S. Giovanni Rotondo per partecipare alla sua messa, per chiedere consiglio o confessarsi, scorgeva in lui un'immagine viva del Cristo sofferente e risorto. Sul volto di Padre Pio risplendeva la luce della risurrezione. Il suo corpo, segnato dalle "stimmate", mostrava l'intima connessione tra morte e risurrezione, che caratterizza il mistero pasquale».

Il Papa, poi, ricorda che Padre Pio è stato dotato dal Signore di doni particolari, che lo hanno reso celebre nel mondo: «I singolari doni che gli furono concessi e le sofferenze interiori e mistiche li accompagnavano, gli consentirono di vivere un'esperienza coinvolgente e costante dei patimenti del Signore, nella immutabile consapevolezza che il Calvario è il mondo dei santi».

Fa pure un cenno alle incomprensioni avute nella stessa Chiesa: «Non meno numerose e umanamente forse ancor più cocenti, furono le prove che dovette sopportare in conseguenza, si direbbe, dei suoi singolari carismi. Nella storia della santità talvolta accade che l'eletto, per una speciale permissione di Dio, sia oggetto di incomprensioni. Quando ciò si verifica, l'obbedienza diventa per lui crogiolo di purificazione, sentiero di progressiva assimilazione a Cristo, rinvigorimento dell'autentica santità».

Dopo aver ricordato i gruppi di preghiera, che da lui furono promossi e a lui fanno riferimento, Giovanni Paolo II si sofferma sul suo interessamento per il prossimo: «La sua carità si riversava come balsamo sulle debolezze e sofferenze dei fratelli. Padre Pio unì così allo zelo per le anime l'attenzione per il dolore umano, facendosi promotore a S. Giovanni Rotondo di una struttura ospedaliera da lui chiamata "Casa Sollievo della Sofferenza". Egli la volle come un ospedale di prim'ordine, ma soprattutto si preoccupò che in esso si praticasse una medicina veramente *umanizzata,* in cui il rapporto con il malato fosse improntato alla più calda premura e alla più cordiale accoglienza. Sapeva bene che chi è malato e sofferente ha bisogno non solo di una corretta applicazione dei mezzi terapeutici, ma anche e soprattutto di un clima umano e spirituale che gli consenta di ritrovare se stesso nell'incontro con l'amore di Dio e la tenerezza dei fratelli».

Inoltre, in Piazza S. Giovanni, il Papa riprende la parola: «Insieme a voi desidero salutare cordialmente i numerosi fedeli che si sono raccolti in preghiera presso il convento dei frati cappuccini di S. Giovanni Rotondo, come pure coloro che hanno seguito la cerimonia di beatificazione attraverso la radio e la televisione. È questa una grande manifestazione di fede che commuove e ci fa sentire in modo concreto la realtà della Chiesa, famiglia di Dio, che gioisce oggi per la santità di uno dei suoi generosi e fedeli figli.

Padre Pio con il suo insegnamento e il suo esempio ci invita alla preghiera, al ricorso alla misericordia divina mediante il sacramento della confessione e all'amore del prossimo. Autentico figlio di san Francesco, dal quale aveva appreso a rivolgersi a Maria con splendide espressioni di lode e di amore, il nuovo beato non si stancava mai di inculcare nei fedeli una devozione alla Madonna tenera, profonda e radicata nella genuina tradizione della Chiesa.

Padre Pio, figlio amantissimo della Regina del Cielo, interceda per noi e per tutti, perché dal cuore degli uomini sgorghino sentimenti di perdono, di riconciliazione e di pace alla fine di questo millennio e all'inizio del nuovo, terzo millennio».

Ecco, penso che ora Padre Pio non appartiene più a noi, è del cielo e del mondo, appartiene a tutti gli uomini. Io, poi, pensavo che averlo conosciuto personalmente, avergli parlato, avere ascoltato le sue parole e avere ricevuto da lui personalmente i segni del suo affetto, fosse un bene mio privato, naturalmente non solo mio. Quante cose si pensano quando si godono dei privilegi!

Oggi mi sento quasi più povero. Che brutto sentimento attraversa la mia mente! L'immagine che sovrasta la piazza dalla parete protettiva, fatta di legno, ferro e tela, guarda anche me: "Ognuno può dire: Padre Pio è mio", ha mormorato una volta, quando era in vita, il 'santo' fatto 'beato' oggi.

Ecco, il sentimento infantile di prima scompare. Padre Pio è ancora mio. Già, Padre Pio è pure mio!

Ho pregato e sognato questo giorno. Abituato a pensare i santi come uomini vissuti in altre terre e in altri tempi e a immaginarli viventi in cielo, ora, con Padre Pio diventato uno di loro, mi sembra di essere vissuto in due epoche: quella di oltre un trentennio fa, quando il santo viveva come in altri tempi e in altre terre, e io ero là, e l'epoca presente, nella quale mi tocca pregare in ginocchio un santo che abita nel cielo.

Il beato Padre Pio perdoni al figlio impertinente questi pensieri umani. Eppure una volta, proprio stando in ginocchio davanti a lui, mi sono permesso di balenargli davanti agli occhi un giorno come questo: "Padre, quando vi faranno santo...". Non mi ha fatto finire di parlare: "Uaglio', vattene, tu impedisci a un povero frate di pregare i santi!". Me ne sono andato.

Lui ora è a S. Pietro: anche il Papa lo prega come santo. Anch'io sono in Piazza S. Pietro: la gente va e viene. Il popolo di Padre Pio ritorna alle proprie città.

Lentamente muovo i miei passi verso casa.

Il beato Padre Pio in immagine sulla parete mi guarda: chissà che cosa pensa, a chi pensa.

"Auguri, Padre, quando vi faranno santo...!". Non risponde. Sembra che sorrida.

"Quando vi faranno santo faremo un'altra festa, ancora maggiore! A presto".

APPENDICE

DATI BIOGRAFICI DI PADRE PIO

25 maggio 1887

Nasce a Pietrelcina in provincia di Benevento da Giuseppa De Nunzio e Orazio Forgione. Fu battezzato il giorno dopo la nascita nella Chiesa di Santa Maria degli Angeli di Pietrelcina con il nome di Francesco.

6 gennaio 1903

All'età di sedici anni veste il saio francescano, con il nome di fra Pio, nel convento dei cappuccini di Morcone, sempre in provincia di Benevento.

10 agosto 1910

Nella cappella del duomo di Benevento viene ordinato sacerdote e il 14 dello stesso mese celebra la sua prima Messa a Pietrelcina con immensa gioia dei genitori e dei suoi concittadini. Prima dell'Ordinazione sacerdotale,

Padre Pio aveva frequentato il ginnasio presso il convento di Sant'Elia a Pianisi (Campobasso) e poi gli studi di filosofia nel 1906 presso il convento di San Marco La Catola (Foggia) e di Sant'Elia a Pianisi. Nel 1907 inizia lo studio della teologia nel convento di Serracapriola (Foggia) e nello studentato di Montefusco (Avellino).

6 novembre 1915

È chiamato alle armi, ma per le sue gravi condizioni di salute verrà riformato il 16 marzo 1918 per broncoalveolite doppia.

17 febbraio 1916

Padre Pio giunge a Foggia per assistere l'anima di una certa Raffaellina Cerase. Fu in questa occasione che il padre provinciale intimò a Padre Pio di restare in convento. E Padre Pio rimase a Foggia fino a14 settembre di quell'anno per trasferirsi poi a San Giovanni Rotondo.

16 maggio 1917

Accompagna a Roma la sorella Graziella che si fa suora nella congregazione delle Brigidine, per poi ritornare a San Giovanni Rotondo il 23 dello stesso mese.

20 settembre 1918

Riceve il dono delle stimmate, cinque piaghe grondanti sangue che rimarranno tali per cinquant'anni. Aveva implorato il Signore che queste piaghe restassero invisibili; cercò anche di nasconderle, ma non ci riuscì. Inizia per Padre Pio il suo calvario terreno. L'autorità ecclesiastica lo fa sottoporre a diversi controlli medici. Iniziano anche le accuse contro i frati del convento per «mercimonio delle stimmate di Padre Pio» e contro lo stesso frate accusato di impostura. Il Sant'Uffizio, il 2 giugno 1922, a seguito del clamore esploso intorno al frate del Gargano, mette in atto una serie di restrizioni che vanno dalla interruzione della corrispondenza con il suo padre spirituale, padre Benedetto da San Marco in Lamis, all'ammonimento dei fedeli di non avvicinare Padre Pio, alla proibizione per Padre Pio di celebrare in pubblico (1931) e di intrattenere corrispondenza con i fedeli.

Dal 1924 al 1928 vengono inviati a San Giovanni Rotondo tre visitatori apostolici: padre Celestino da Desio, monsignor Felice Bevilacqua e monsignor Bruno della Congregazione del Concilio.

Ottobre 1925

Padre Pio subisce un intervento chirurgico senza anestesia, per sua espressa volontà. Per il grande dolore fisico sviene. Si trattava di un'ernia inguinale.

3 gennaio 1929

Muore la mamma con grande dolore di Padre Pio, che rimane per tre giorni in lacrime e in preghiera disteso su un lettino.

23 maggio 1931

Viene sospeso da ogni ministero eccetto, la Messa, che dovrà celebrare da solo nella cappella interna del convento. Quando gli leggono il decreto del Sant'Uffizio, Padre Pio alzando gli occhi al cielo esclama: «Sia fatta la volontà del Signore» e trattenendo a stento le lacrime si allontana verso il coro della piccola chiesetta per restare in preghiera fino a notte inoltrata. Inizia così il periodo più triste della vita di Padre Pio, nel completo isolamento, dedicando il suo tempo alla preghiera.

16 luglio 1933

Padre Pio può confessare i fedeli e celebrare la Messa in pubblico. Dopo due anni di segregazione ritorna a sorridere. Da questo momento Padre Pio inizia un ritmo di vita che continuerà fino alla morte. Si alza prestissimo, celebra la Messa che dura circa due ore, confessa fino a mezzogiorno, ritorna in chiesa per la preghiera vespertina, confessa ancora e il resto del tempo lo trascorre nella sua cella pregando.

9 gennaio 1940

Nella cella di Padre Pio nasce l'idea della costruzione della Casa Sollievo della Sofferenza, il vero miracolo terreno di Padre Pio. Quella fredda sera con Padre Pio c'erano il dottor Guglielmo Sanguinetti, il dottor Mario Sanvico e il dottor Carlo Kisvarday.

7 ottobre 1946

Muore anche il padre. Padre Pio lo assiste con grande amore e alla sua morte esclama in dialetto «Tata, tata mio...».

19 maggio 1947

Iniziano i lavori di costruzione della Casa Sollievo della Sofferenza.

5 maggio 1956

Si inaugura la Casa Sollievo della Sofferenza alla presenza del cardinale Giacomo Lercaro. Il 2 luglio viene posta la prima pietra per la costruzione della nuova chiesa Santa Maria delle Grazie attigua alla vecchia.

25 aprile 1959

Padre Pio cade gravemente ammalato. Si teme per la sua salute. Viene ricoverato nella Casa Sollievo, vi rimane appena tre giorni per ritornare subito nel suo convento. Guarisce il 7 di agosto mentre ripartiva da San Giovanni Rotondo un elicottero con la statua della Madonna di Fatima.

30 luglio 1960

Inizia la visita apostolica di monsignor Maccari con nuove e più pesanti restrizioni per Padre Pio. La stampa dà grande risalto all'avvenimento. Si parla di un trasferimento in Spagna. Finalmente il 30 gennaio 1964 il cardinale Ottaviani comunica che Padre Pio può svolgere in assoluta libertà il suo ministero. Nel 1967 Paolo VI invia a San Giovanni Rotondo il vescovo di Benevento monsignor Raffaele Calabria.

20 settembre 1968

Solenni manifestazioni per il 50° anniversario delle stimmate di Padre Pio.

21 settembre 1968

Convegno internazionale dei gruppi di preghiera.

22 settembre 1968

Celebra l'ultima santa Messa.

23 settembre 1968

Muore alle 2,30.

4 novembre 1969

Inizia la trattazione della causa per la sua beatificazione e canonizzazione.

16 gennaio 1973

Monsignor Valentino Vailati, arcivescovo di Manfredonia, consegna alla Sacra Congregazione per le Cause dei Santi tutta la documentazione richiesta, allo scopo di ottenere il «nullaosta» per l'introduzione della causa di beatificazione.

3 marzo 1980

Lo stesso arcivescovo consegna alla predetta Congregazione ulteriore documentazione per ottenere il desiderato nullaosta.

20 marzo 1983

Apertura ufficiale del processo cognizionale sulla vita e le virtù del servo di Dio, Padre Pio da Pietrelcina.

21 gennaio 1990

Il 21 gennaio 1990 si è concluso il processo diocesano per la canonizzazione di Padre Pio da Pietrelcina, «il frate del Gargano».

Sono ormai trascorsi sette anni da quel 20 marzo 1983, giorno in cui si insediò il Tribunale ecclesiastico: esso ha svolto un lavoro lungo, faticoso e delicatissimo ascoltando, dal 7 aprile 1983 al 13 maggio 1986, le deposizioni di 73 testimoni, leggendole, valutandole, riscontrandole.

Tutto questo materiale è raccolto in 23 volumi ai quali vanno aggiunti gli altri 20 che contengono tutti gli scritti del frate.

Giovanni Paolo II, che aveva conosciuto il frate delle stimmate nel lontano 1947 e ne era rimasto profondamente colpito, è stato il primo firmatario, come arcivescovo di Cracovia, di una richiesta di beatificazione.

18 dicembre 1997

Giovanni Paolo II dichiara «venerabile» Padre Pio.

Il Consiglio comunale di San Giovanni Rotondo, in seduta plenaria, su proposta del sindaco Davide Fini, decide all'unanimità di conferire la cittadinanza onoraria di San Giovanni Rotondo all'avvocato Antonio Pandiscia.

2 maggio 1999

Il papa Giovanni Paolo II dichiara «beato» Padre Pio, davanti a una folla di devoti del frate di Pietralcina, che avevano riempito Piazza San Pietro a Roma. «Per il Beato di Pietrelcina», dice il Papa nell'omelia, «la condivisione della passione ebbe toni di speciale intensità: i singolari doni che gli furono concessi e le sofferenze interiori e mistiche che li accompagnavano gli consentirono di vivere un'esperienza sconvolgente e costante dei patimenti del Signore, nell'immutabile consapevolezza che "il Calvario è il monte dei Santi"».

22 novembre 2001

La Consulta medica della Congregazione delle Cause dei Santi dichiara che la guarigione rapida, completa e duratura di Matteo Pio Colella, un bambino di 7 anni colpito da meningite fulminante, risulta scientificamente inspiegabile. Si compie così il secondo miracolo, che la Chiesa Cattolica ritiene necessario per procedere alla canonizzazione.

16 giugno 2002

Dinanzi a una folla di centinaia di migliaia di fedeli festanti, Giovanni Paolo II proclama Santo Padre Pio, col nome di San Pio da Pietrelcina. San Pio è commemorato il 23 settembre, giorno della sua nascita al Cielo.

I PAPI DI PADRE PIO

Leone XIII (1878-1903)

Quando il 25 maggio 1887 nacque Padre Pio, era Papa Leone XIII. Viene ricordato come il Papa del rosario e della «Rerum Novarum». Leone XIII e Padre Pio: due apostoli del rosario, due cuori innamorati di Maria, due grandi benefattori del prossimo e dei sofferenti.

San Pio X (1903-1914)

Dopo la morte di Leone XIII, fu eletto Papa Giuseppe Sarto, patriarca di Venezia, che prese il nome di Pio X. Viene ricordato per la sua opera riformatrice nella Chiesa e per la sua celebre enciclica «Pascendi» del 1907. Padre Pio amò moltissimo questo Papa che giunse a offrirsi come vittima a Dio pur di scongiurare la Prima guerra mondiale.

Benedetto XV (1914-1922)

Il cardinale Giacomo Della Chiesa successe a Pio X col nome di Benedetto XV. In questo periodo il nome di Padre Pio venne conosciuto in tutto il mondo avendo ricevuto dal Signore il dono delle stimmate. Il pontefice riconobbe in Padre Pio «un uomo straordinario, di quelli che Dio manda di quando in quando sulla terra per convertire gli uomini».

Pio XI (1922-1939)

Il 6 febbraio 1922, Achille Ratti, arcivescovo di Milano, fu eletto Papa col nome di Pio XI. Sotto il suo pontificato Padre Pio fu sottoposto a prove molto dolorose. Sono gli anni della segregazione e del paventato trasferimento. La soprannaturalità dei fatti attribuiti a Padre Pio non viene riconosciuta, gli si vieta di celebrare in pubblico, di confessare e di rispondere a lettere a lui indirizzate. Tutto ciò durò un decennio: Padre Pio lo sopportò con obbedienza e rassegnazione.

Nel 1933 Pio XI concesse a Padre Pio di tornare al suo ministero sacerdotale.

Pio XII (1939-1958)

Il cardinale Eugenio Pacelli venne eletto al soglio pontificio il 2 marzo 1939 col nome di Pio XII.

Questo Papa, dopo aver compreso appieno lo spirito di Padre Pio, promosse le sue opere e diede pieno impulso al suo ministero sacerdotale e alle sue realizzazioni in

favore dei sofferenti: nacquero in questo periodo i gruppi di preghiera e iniziò a veder la luce la Casa Sollievo della Sofferenza. Innumerevoli furono gli attestati di benevolenza di questo Papa verso Padre Pio.
Pio XII si spense a Castelgandolfo la notte del 9 ottobre 1958. Dal 2009 è stato dichiarato venerabile.

Giovanni XXIII (1958-1963)

Nel 1958, il 28 ottobre, fu eletto Papa Angelo Roncalli che prese il nome di Giovanni XXIII. Sotto il suo pontificato le opere di Padre Pio conobbero nuovo impulso, ma ripresero anche le maldicenze e le calunnie. Papa Giovanni si ricredette pienamente su Padre Pio dopo un colloquio con monsignor Andrea Cesarano, arcivescovo di Manfredonia. Pianto da tutti, Giovanni XXIII, il Papa buono, si spense il 3 giugno 1963. È in fase di conclusione l'iter per la canonizzazione.

Paolo VI (1963-1978)

Il 21 giugno 1963 Giovanni Battista Montini, arcivescovo di Milano, salì al soglio pontificio col nome di Paolo VI. Ebbe modo di conoscere le opere di Padre Pio sin dal 1954 e cercò di divulgare e potenziare i gruppi di preghiera ridonando, nel contempo, piena libertà a Padre Pio. Spentosi il 6 agosto 1978, è venerabile dal 20 dicembre 2012, dopo che il papa Benedetto XVI ne ha riconosciuto le virtù eroiche.

Giovanni Paolo I (26 agosto - 28 settembre 1978)

Albino Luciani, patriarca di Venezia, fu eletto Papa il 26 agosto 1978 e volle chiamarsi Giovanni Paolo I. Il suo pontificato fu così breve che non gli consentì di occuparsi di Padre Pio.

Giovanni Paolo II (16 ottobre 1978 - 2 aprile 2005)

Tra lo stupore di tutti il 16 ottobre 1978 divenne Papa un cardinale polacco, Karol Wojtyła, che prese il nome di Giovanni Paolo II. Conobbe Padre Pio in una visita a San Giovanni Rotondo nel 1947. Il 1° novembre 1974, si recò, ancora arcivescovo di Cracovia, a San Giovanni Rotondo per commemorare il 28° anniversario della sua ordinazione sacerdotale. Vi ritornò come Papa nel maggio del 1987 sostando in preghiera presso la tomba di Padre Pio, che dichiarerà beato il 2 maggio 1999 e santo il 16 giugno 2002.

Con una accelerazione dei tempi normalmente previsti, Giovanni Paolo II è stato proclamato beato il 1° maggio 2011 da papa Benedetto XVI. L'iter di canonizzazione è in fase conclusiva.

LETTERA DI PADRE GERARDO DI FLUMERI ALL'AUTORE

Caro Avvocato, a nome dei confratelli e mio personale, sento il dovere di ringraziarla sentitamente per tutto quello che ha fatto per celebrare degnamente il 25° anniversario (1993) della morte del nostro venerato Padre Pio.

Il vero regista di tutto è stato lei, che a buon diritto merita il titolo di "apostolo di Padre Pio". Il libro che ha pubblicato, la videocassetta, che uscirà prossimamente, le interviste effettuate, la lunga e commossa trasmissione televisiva sono altrettante testimonianze del suo intenso apostolato a favore del venerato Padre.

È per questo che io la ringrazio anche a nome dei milioni di devoti e figli spirituali di Padre Pio, che, pur rimanendo a casa, hanno potuto partecipare alla commemorazione del 25° anniversario del transito del Padre amato.

Con lei intendo ringraziare anche la sua impareggiabile consorte, sempre presente ai vari appuntamenti; e il suo adorato figlio, sempre pronto a prestare la sua opera. Voglia il Signore, per intercessione del venerato Padre Pio, ricompensarla di tutto e concederle abbondanti grazie, spirituali e temporali.

Le auguro ogni vero bene da parte del buon Dio e l'assicuro della mia preghiera presso la tomba di Padre Pio, per lei e per tutti i suoi cari. La prego di gradire distinti e cordiali saluti con un fraterno abbraccio nell'amore del venerato Padre.

Padre Gerardo Di Flumeri, vice postulatore

ADDIO, TOMMASO PANDISCIA

Tommaso Pandiscia è morto in una calda mattinata del 24 agosto 1995, lasciando smarriti e increduli il fratello Antonio – noto avvocato e giornalista – le sorelle Luisa e Masina e tutti i parenti più stretti dello stesso sangue che fino all'ultimo istante della sua vita lo hanno sommerso di sorrisi, carezze e amore.

A dare l'ultimo, commosso saluto a Tommasino c'era tutta la sua Lacedonia, ma anche tanti suoi fraterni amici, molti venuti da Foggia, altri da più lontano. Come Sergio Zavoli, che ha voluto prendere la parola alla fine del rito funebre celebrato nella cattedrale di Lacedonia. Parole semplici, ma toccanti, quelle pronunciate dal grande scrittore, giornalista, nonché amico di vecchia data della famiglia, per ricordare un uomo altrettanto semplice, ma dai principi forti, sani, incrollabili.

Chiunque abbia conosciuto Tommaso Pandiscia non può che conservarne il ricordo di un uomo limpido, coerente, con una grande voglia di vivere. Già... la sua grande voglia di vivere, nonostante le difficoltà che la stessa vita gli aveva riservato; una voglia di vivere tradita da un destino avverso.

Ma Tommaso ha lasciato un segno, come poche persone sono in grado di lasciare. Non a caso il Comune di S. Giovanni Rotondo ha voluto fermare l'immagine e il ricordo di un uomo che ha dato tanto, decidendo di dedicargli il premio "Bisanum", nato proprio del 1995 – in occasione delle celebrazioni del IX Centenario della fondazione della Città di San Giovanni Rotondo – con lo scopo di promuovere iniziative a beneficio di organizzazioni e associazioni bisognose di sostegno materiale e spirituale. È il modo migliore per riunirsi ogni anno intorno al ricordo e alla memoria del caro Tommasino, che amava Foggia al pari della sua terra natia, l'Irpinia... E poi la sua grande, sincera fede. Padre Pio, costante punto di riferimento. Ricordo nel suo studio una scorta di copie dell'ultimo libro scritto dal fratello Tonino, sul Frate di Pietrelcina, da distribuire agli amici più cari.

Le sue ultime ore di vita le ha vissute proprio a S. Giovanni Rotondo, nella "Casa Sollievo della Sofferenza" voluta dal Frate delle stimmate. Se ne è andato in silenzio Tommasino, quasi in punta di piedi. Ma il vuoto che ha lasciato in quanti lo conoscevano e amavano è incolmabile, per il suo essere combattivo, la sua tenacia, il desiderio di vincere la paura e lo sconforto di un vita in parte ingiusta, eppure vissuta sempre con gioia, dignità e serenità.

Gianni Cicolella

LE MOTIVAZIONI DELLA CITTADINANZA ONORARIA DI S. GIOVANNI ROTONDO ALL'AVVOCATO ANTONIO PANDISCIA

Il giorno 18 dicembre 1997 il Consiglio comunale, riunito in seduta plenaria, su proposta del Sindaco Davide Fini, all'unanimità, ha deciso di conferire la cittadinanza onoraria di S. Giovanni Rotondo all'avvocato Antonio Pandiscia.

Il Consiglio comunale rivolge un pensiero di deferenza e di gratitudine ai frati cappuccini, che ci hanno dato Padre Pio e che ne custodiscono le spoglie, che accolgono i pellegrini alla sua tomba e continuano il loro apostolato nella comunità dei cittadini di S. Giovanni Rotondo.

Altrettanto deferente omaggio il Consiglio comunale rivolge al presidente e ai dirigenti e ai clinici della "Casa Sollievo della Sofferenza", la clinica voluta e costruita da Padre Pio, per l'assistenza degli ammalati di questo Comune e delle zone limitrofe.

Le motivazioni di questo atto solenne del conferimento della cittadinanza onoraria da parte del Consiglio comunale all'avvocato Antonio Pandiscia sono da attribuire alla sua costante opera svolta nell'ambito del giornalismo, prima della carta stampata e poi della radiotelevisione con numerosi servizi che hanno fatto conoscere nel mondo Padre Pio e il nostro Comune. Il Consiglio comunale ha avuto presenti questi significativi dati di fatto:

1 - la sua appassionata devozione a Padre Pio da Pietrelcina legano l'avvocato Antonio Pandiscia al nostro Comune. Come figlio spirituale del nostro Padre Pio, concittadino onorario e di fatto di questo paese e membro effettivo di questa comunità da lui scelta e da essa difeso perché rimanesse qui e fosse suo, l'avvocato Antonio Pandiscia appartiene alla sua grande famiglia, che è diffusa nel mondo e che ha qui, a S. Giovanni Rotondo, il nucleo centrale, la sede e la casa paterna: qui l'avvocato Antonio Pandiscia ha già, quindi, il suo posto;

2 - l'assidua frequentazione dei luoghi di Padre Pio e, quindi, della città di S. Giovanni Rotondo, il suo immedesimarsi nel nostro ambiente, il suo cordiale rapporto con la cittadinanza, il suo sentirsi partecipe dei problemi della comunità, fanno dell'avvocato Antonio Pandiscia già uno dei nostri;

3 - la strenua difesa che egli ha fatto e fa della figura e dell'opera del nostro amato Padre avvicina l'avvocato Antonio Pandiscia ai nostri padri, che difesero con tenacia e passione, per amore e solo per amore, non solo la permanenza a S. Giovanni Rotondo di Padre Pio, ma anche la

quiete per la sua preghiera, la libertà per il suo apostolato, il silenzio per la sua sofferenza sulla croce di nostro Signore a favore degli uomini e lo mette accanto a coloro che in questi tempi lavorano e si impegnano perché la figura e l'opera di Padre Pio risplenda nitida e senza macchia, così come era, davanti agli uomini;

4 - il ruolo che ha svolto e che va svolgendo nell'ambito dei mezzi della comunicazione sociale, a livello nazionale e internazionale, sia della carta stampata che della radiotelevisione, fanno dell'avvocato Antonio Pandiscia uno dei più validi portavoce del messaggio di Padre Pio; in questo ambito egli ha contribuito moltissimo alla conoscenza nel mondo di S. Giovanni Rotondo, infatti non ha mai tralasciato di associare al nome di Padre Pio quello di S. Giovanni Rotondo, per cui, oggi, dove si ragiona di Padre Pio si parla anche di S. Giovanni Rotondo.

Il Consiglio comunale non dimentica che S. Giovanni Rotondo deve tutto a Padre Pio, al quale va sempre il nostro perenne omaggio e il nostro grato pensiero, ma non dobbiamo dimenticare coloro che, con diligenza, con professionalità e con competenza, sia pure nell'ambito del panorama della sublime figura del nostro Padre Pio, fanno conoscere nel mondo le buone qualità del popolo di S. Giovanni Rotondo.

da *L'Osservatore Romano*, 20.12.1997

INDICE

TESTIMONIANZE

APPENDICE

Biblioteca Universale Cristiana

Al tempo della globalizzazione, di internet, della fine delle ideologie, della sfida tra relativismo e quel che resta del pensiero forte, la proposta di una Biblioteca Universale Cristiana è una scelta controcorrente, che persegue precisi valori e finalità:

contenutistici: un invito per tutti coloro che (credenti o meno) ricercano punti di riferimento letterari e spirituali, per costruire strade comuni;
di memoria culturale: riproposizione di opere che, spesso introvabili, appartengono a un patrimonio che non è solo cristiano, ma pienamente umano;
economici: una proposta di opere dal valore assoluto (etico ed estetico) a costi accessibili a tutti.

Biblioteca Universale Cristiana:
uno scrigno da cui trarre «cose antiche e cose nuove»; testi di credenti e non, con in comune il respiro dell'Assoluto.

buc

Finito di stampare nel mese di settembre 2013
presso PuntoWeb srl, Ariccia - Roma
Printed in Italy